Alles ist möglich

Über die Autorin

- Evelyn-Alice Dorner beschäftigt sich seit mehr als 25 Jahren mit Persönlichkeitsentwicklung, sowie mit der Frage, wie gestalten Menschen ihr persönliches Schicksal
- nach medizinisch-technischer Ausbildung Selbständigkeit – eigener Vertrieb von Medizintechnik
- Seminare seit 1991 im Bereich Ernährung und ganzheitlicher Lehre
- 13 Jahre Coaching in Marketingstrategien und Persönlichkeitsentwicklung sowie Motivationstrainerin
- mehrere Jahre Weiterbildung und Aufenthalt in Indien und Griechenland
- seit 2001 Reiki-Master mit individuellen Workshops auf Mallorca
- Ausbildung in der energetischen Psychologie, alle Level nach Gary Graig (USA)

Evelyn lebt jetzt mit ihrem Lebenspartner auf Mallorca und leitet mit ihm gemeinsam das Zentrum für ganzheitliches Leben ‚Life in Balance Coaching'

Evelyn-Alice Dorner

Alles ist möglich

**Höre niemals auf anzufangen –
und fange niemals an aufzuhören**

Liest du ein Buch zum ersten Mal, lernst du einen
Freund kennen.
Liest du es ein zweites Mal, begegnet dir ein alter
Freund.
Chinesisches Sprichwort

© 2007 Evelyn-Alice Dorner
Herstellung und Verlag: Books on Demand GmbH,
Norderstedt
Covergestaltung, Satz und Layout: Life in Balance
Mallorca

ISBN-13: 9783837007367

Inhaltsverzeichnis

Vorwort

Alles ist möglich – Evelyn-Alice Dorner, schreibt in ihrem Buch das auf, was auch wirklich möglich ist.

Sie ist ein Mensch wie Sie oder ich, aber eines unterscheidet sie von anderen Menschen, ihre Fähigkeit auf Menschen einzugehen und deren wahre Identität zu erkennen. Das haben schon viele Klienten erfahren dürfen und schätzen gelernt.

Diese Fähigkeiten sind ihr nicht zugeflogen, sondern sie hat sie sich erarbeitet, durch viele Reisen, private Umstände, diverse Ausbildungen und eigene Erfahrungen. Wenn ich sie erzählen höre, und ich höre ihr sehr gern zu, dann rundet sich in mir ein Bild von einer Frau ab, die mit beiden Beinen auf dem Boden steht und durch ihre vielen Erfahrungen und daraus abgeleiteten Erkenntnisse Zusammenhänge erkennen konnte und sie gern an Mitmenschen weitergibt. Und das macht sie mit viel Liebe und Einfühlungsvermögen.

In ihrem Buch lässt Evelyn-Alice Sie teilhaben an ihren Stationen ihres Lebensweges, mit all den Geschehnissen und den Erfahrungen, die sie zu dem werden ließen, was sie heute ist. Eine erfahrene Frau, ein liebenswerter Mensch, ein guter Coach, anerkannt und bewundert von ihren Freunden und Klienten.

Sie stellt die Zusammenhänge dar, die unser Leben besser im Zusammenhang erkennen lassen und erklärt, warum dies so ist. Gerade die zwischenmenschlichen Beziehungen tun so weh und oft weiß der Einzelne nicht, wie er sich verhalten soll, geschweige, warum es ihm passiert.

Krankheiten sind meistens das Spiegelbild der gestörten Harmonie zwischen Körper, Geist und Seele.

Evelyn-Alice gibt Ihnen eine ganze Reihe von Informationen und Hilfestellungen, wie Sie diese Harmonie wieder herstellen können. Mit diesem Büchlein erhalten sie einen Ratgeber und ein Anleitungsheft zum ‚Glücklich sein'. Glauben Sie mir, ich weiß es aus nächster Nähe, es klingt wie eine Phrase aber es ist so einfach.

Das Leben ist einfacher als wir annehmen. Warum sollte es auch anders sein. Es macht doch keinen Sinn zu leiden. Lassen Sie Freude in Ihr Leben kommen und vieles geht plötzlich wie von selbst.

Die Blockaden, die im Buch beschrieben werden, sind neutralisierbar und das langfristig und für immer.

Nehmen Sie die Hilfestellung an und benutzen Sie das Buch als Ratgeber und Anleitung zu einem besseren Leben - alles ist möglich.

Abschließend lassen Sie mich bitte sagen, auch wenn Sie denken, ich könnte natürlich als befangen gelten, aber ich sage es hier ganz deutlich: Unsere Welt braucht mehr solche Persönlichkeiten wie meine Lebensgefährtin und Partnerin Evelyn-Alice. Die Welt braucht einfach nur Liebe - dann ist alles möglich.

Rainer Perner
Mallorca
Zentrum für ganzheitliches Leben

Alles ist möglich

Höre niemals auf anzufangen –
und fange niemals an aufzuhören

Die Schule ist das Leben

Liest du ein Buch zum ersten Mal, lernst du einen
Freund kennen.
Liest du es ein zweites Mal, begegnet dir ein alter
Freund.
Chinesisches Sprichwort

Es ist schon verrückt, dass mir heute mitten in der Nacht
einfiel, wie ich meine Geschichte aufschreiben könnte. Irgendetwas ließ mich wach werden und dann wusste ich,
wie ich alles in einem kleinen Büchlein zusammenfassen
würde.
Meine Freunde und Klienten haben mich oft dazu animiert,
doch meine Erfahrungen und Erkenntnisse aufzuschreiben.
In den Stunden, in denen wir zusammen arbeiten, gibt es
zu wenig Zeit, alle Zusammenhänge zu erklären.

Viele Bücher beginnen mit dem Ende, da ist oft ein wenig
an Spannung verloren gegangen, finde ich, denn man
kennt den Ausgang.

Trotzdem wage ich es, denn ein Ende ist noch lange nicht in Sicht ist.
Jetzt geht es erst richtig los, so denke ich oft bei mir.

Es ist ein heißer Sommer und die Nächte kühlen sich auch kaum ab. Eigentlich ganz normal für eine spanische Insel im Hochsommer. Die Insel Mallorca hat wie jedes Jahr auch dieses Jahr Millionen von Touristen in alle Hotels verschluckt. Jede Minute kommt ein Jet eingeflogen von überall her, doch hauptsächlich aus der alten Heimat Deutschland.

Ja, Deutschland, dort bin ich nun bereits seit 13 Jahren nicht mehr zu Hause. Damit man mich nicht ganz vergisst, fliege ich doch hin und wieder mal schnell hin. Mutti wohnt im schönen Wiesbaden, eine Stadt, in die ich gerne komme, weil alles so praktisch nahe bei einander ist, schöne Anlagen hat und vor allem viele alte und große, dicke Laubbäume. Die Bäume vermisse ich am meisten im Süden und wenn sich die Möglichkeit ergibt, diese „alten Freunde" zu besuchen, dann nutze ich jede Gelegenheit dazu, sie anzufassen und sie einfach zu bestaunen.

Ein Leben im Süden ist ein wirkliches Geschenk, allein der Duft, die Luft, das Meer, alles kann man riechen, schmecken, fühlen und genießen.
Es gibt mir jeden Tag Freude, mein Leben zu leben, voller Dankbarkeit zu sein und nicht müde zu werden, immer wieder etwas Neues zu lernen.

Manchmal denke ich, die Zeit reicht nicht, noch all das zu lernen und zu erfahren, was wirklich wichtig im Leben ist. All das, was wir in der Schule mitbekommen, mag uns vielleicht einen Doktortitel oder eine Professur einbringen, aber wie wir wirklich glücklich und zufrieden werden, oder wie wir uns einbringen können und die Dinge lernen, die wirklich lebenswichtig sind, das lernt man wohl auf keiner Schule.

Alle sozialen und zwischenmenschlichen Situationen müssen wir sehr oft später meistern und werden in diesem Punkt von unseren Lehrern oftmals allein gelassen.

Ich werde wohl niemals den dummen Menschen vergessen, der mein erster Klassenlehrer war. Er hatte nichts anderes zu tun, als mich am ersten Schultag, in einen Papierkorb zu stecken, mit den Beinen nach oben, um mich dann auch noch auf einen Schrank zu stellen, damit mich jeder besser sehen kann.

Ich war eines der kleinsten Mädchen in der Klasse und diese Verletzung, dieses ausgeliefert sein, war mein erster Schulschock.

Daraus resultierte, dass ich vom ersten Schultag an auf meinen letzten Schultag schielte und ihn sehnlichste herbeisehnte.

Also haben doch die Lehrer sehr wohl Einfluss auf unsere Emotionen, über die gesamte Schulzeit.

Es konnte mir nicht schnell genug gehen, aus der Schule wieder heraus zu kommen, denn Wärme, Geborgenheit, Verständnis oder Liebe konnte ich in keiner meiner Schulklassen finden.

Und ich wollte alles wissen, alles lernen, alles verstehen. Ich liebte Kinder und Tiere, verbog mich für Nachbarskinder, um sie zu hüten und war wie
magnetisiert auf jeden Hund, der vorbeikam.
Zu gerne hätte ich einen Hund zu Hause gehabt, aber unser Vater, von Beruf Zahnarzt, mit Praxis im eigenen Haus, hatte ein striktes Verbot ausgesprochen, dass kein Hund über seine Schwelle käme.
Da mein Vater ein ausgesprochener Despot war, mit kolerischen Anwandlungen und Schreianfällen, hatten wir alle Respekt und eigentlich auch Angst vor ihm. Allen voran meine Mutter, die sich gerne in der Rolle des Opfers sah und ihre Rolle als Frau Doktor gerne spielte.
Trotzdem war sie nicht in der Lage, wie das in den Jahren nach dem Krieg war, sich einmal zu wehren oder um Gleichberechtigung zu bitten.
Mit diesem Elternvorbild wurde ich groß und hatte nur ein Ziel, niemals so zu werden, wie die Beiden. Weder eine so ungeliebte Beziehung wollte ich führen, noch konnte ich mir vorstellen, dass so die Liebe aussieht.

Unser Vater war ein harter Brocken, so dachte ich viele Jahre. Bis ich herausfand, dass er schrie und rumtobte, um eigentlich niemanden an sich heran zu lassen. Er war darüber hinaus auch noch gewalttätig und das war für mich, als kleines zartes Mädchen, mit all meinen vielen Fragen, überhaupt nicht zu verstehen. So flüchtete ich mich in meine eigene Traumwelt und lebte dort in meiner Fantasie.
Meine Mutter lebte ständig in Angst und Schrecken vor ihrem Ehemann. Mit ihren vielen Migräneanfällen war sie ein trauriges Bild und lag sehr oft krank im Bett. Viele Jah-

re später erkannte ich, dass sie, wie die Ärzte sagten, eine wirkliche Angstpatientin war, die dringend eine Therapie gebraucht hätte.

Sie war eine wunderschöne Frau, mit erotischer Ausstrahlung, was ich als Kind schon empfinden konnte und ich war stolz auf sie.

Gott sei Dank hat sie es dann irgendwann geschafft, sich auf eigene Beine zu stellen, sich von meinem Vater zu trennen und sogar in eine andere Stadt zu ziehen.

Meine Mutter, die ich immer sehr geliebt hatte und bis zum heutigen Tage sehr liebe und verehre, hat es geschafft, das wunderbare Alter von 83 Jahren zu erreichen.

Unser Vater starb bereits vor 20 Jahren an Prostatakrebs, der ihn, nach dem er aufhörte zu arbeiten, sehr schnell dahinraffte.

Er, dieser starke Mann, der aus der Kirche austrat, weil er die Kirchensteuer sparen wollte, hatte zu seinem Ende einen Pfarrer an seiner Seite. Wie Menschen doch auch noch den Glauben vom Geldbeutel abhängig machen, wunderte ich mich.

Ob er wirklich etwas verstanden hatte von diesem Erdenleben? Ich glaube nicht, denn sein Leben bestand nur aus Arbeit und standespolitischen Reden. Er war ein hervorragender Arzt aber ein miserabler Vater.

Aus der Ehe meiner Eltern gingen auch noch 2 weitere Mädchen hervor, so dass wir ein „Drei-Mädel-Haus" waren.

Ich war die Älteste und natürlich für alles und jeden verantwortlich. Wenn etwas nicht klappte oder etwas nicht da war, oder sogar etwas kaputt war - ich war daran schuld.

Da machte ich die Bekanntschaft mit der Ungerechtigkeit und hatte eine große Wut im Bauch, die am Ende immer in Trauer endete.

Für mich stand jedenfalls fest, ich werde so viel lernen, damit ich eines Tages Menschen und Kindern helfen kann, die sich in der Zwickmühle des Lebens befinden und sich nicht wehren können und keine Stimme haben.
Sehr früh hatte ich Spaß daran, Menschen zu helfen, um ihnen nahe zu sein. Sehr schnell habe ich erkannt, dass mir nichts dabei passierte und ich sehr freundlich und liebevoll überall aufgenommen wurde.
Ganz besonders hat mich eine Frau geprägt, die ich Tante Frieda nannte. Eine große kräftige Frau und ehemalige Krankenschwester im Krieg. Sie besaß mit ihrem gehbehinderten Mann einen kleinen Bauernhof auf dem Land, nicht weit von uns entfernt, vor den Toren der Stadt.
Ich liebte diese Familie so sehr und fühlte mich dort so wohl, dass ich jede Ferien dort verbrachte. Meine Eltern fuhren schon lange nach Italien, wie es damals so war, es interessierte mich überhaupt nicht, denn ich wollte nur zu Tante Frieda und ihren Tieren. Bei dieser Familie lernte ich, dass man mit wenig Geld und viel Herzenswärme und gleichzeitiger Beständigkeit doch ein glückliches und zufriedenes Leben führen konnte. Und das Wichtigste war, dort wurde so viel gelacht, immer herrschte eine lockere Stimmung und trotzdem hatte ich großen Respekt vor meiner gewichtigen Tante, doch niemals Angst.

Es war herrlich, dort zu sein und ich wurde es nicht satt, immer und immer wieder hin zu fahren.

Dort hatte ich nun auch meinen geliebten Hund, eine Airedaleterrier-Hündin Namens Bella. Mein Onkel Hans arbeitete bei der Polizei und bildete nebenbei Hunde aus. Ich fand diese Arbeit so faszinierend und konnte sehen, wie geschickt er den Tieren alles beibrachte, ohne sie zu züchtigen oder sie gar zu schlagen.

Nun wusste ich, das Leben geht auch anders. Aber man braucht viel Geduld, dass konnte ich erkennen. Mich haben meine Tante und mein Onkel sehr glücklich gemacht und ich war dankbar darüber, dass sie nie müde wurden, all meine Fragen zu beantworten und mich immer wieder kommen ließen. Hätte ich diese Familie nicht gehabt, wäre meine Kindheit wirklich ein sehr trauriges Kapitel geworden.

Heute, viele Jahre später, lebe ich mein Leben, so wie ich es immer wollte und es mir gewünscht hatte. Ich arbeite als Life-Coach, mit ganzheitlicher Therapiebetreuung und mein geliebter Lebenspartner und ich haben ein Zentrum kreiert für Menschen, die stecken geblieben sind oder einfach aus der Balance gefallen sind. Unser Zentrum nennen wir:
„Life in Balance- Zentrum für ganzheitliches Leben"

All die vielen, verwundeten, großen Kinder kommen zu uns und wir sind überglücklich, gemeinsam zu erlernen, wie man verzeiht und wie man lernt, sich selbst so zu lie-

ben, genauso wie man ist - nämlich einzigartig und groß-artig mit jeder Phase des Lebens.
Diese wunderbare Aufgabe und Herausforderung ist na-türlich gewachsen und bekanntlich wächst man ja auch mit seinen Aufgaben.

Aber es war ein langer Weg bis zu diesem Zentrum, hier auf unserer Insel.

Die Ursprungsfamilie

Alle Mädchen werden in erster Linie in Bezug auf ihr Männerbild von ihren Vätern oder männlichen Vertretern in der Familie geprägt.
Genauso verhält es sich mit Söhnen und ihren Müttern.

Bevor ich also Onkel Hans kennen lernte, dachte ich, es ist vollkommen richtig, wie sich mein Vater als Autoritätsper-son benimmt. Durch meinen Onkel hatte ich nun den Ver-gleich und ein krasses Gegenbeispiel, wie es auch gehen kann. Ich ahnte, dass ich das Daheim überhaupt nicht er-wähnen durfte, denn dann hätte ich mich selbst der Gefahr ausgesetzt, nie mehr dort hinfahren zu dürfen. Also lernte ich sehr schnell, meinen Mund darüber zu halten.

Es gab viele unschöne Zusammenstösse, die ich im Laufe meiner Kindheit und Pubertät noch erleiden musste. Von Schlägen, Hausarresten, bis zum im Keller einsperrt werden, bei Wasser und Brot, damit ich jetzt schon mal weiß, wie es im Gefängnis ist.

Kurz bevor mein Vater starb und ich schon lange verheiratet war, besuchte ich ihn am Krankenbett. Ich fragte ihn, warum er mich eigentlich so hart bestraft hat und er antwortete, dass er für mich die größte Verantwortung hatte. Er wollte unbedingt, dass ich auf geradem Wege erwachsen werde. Und nun, heute könne man ja sehen, dass aus mir ein anständiger Mensch geworden war.

Ich war sprachlos über so viel Selbstgefälligkeit und Arroganz. Das erste Mal hatte ich den Mut, ihm die passenden Worte zu sagen. Und diese fielen gar nicht hart aus. Ich meinte jedes Wort, so wie ich es sagte. Nämlich, dass er noch viele Male wieder zurückkommen müsste auf diese Welt, um zu lernen, um was es im Leben wirklich geht. Er tat mir leid und ich hatte keine Angst mehr vor ihm, weil ich erkannte, wie arm er war.

Erst nach seinem Tode konnte ich anfangen, mein „Vaterproblem" aufzulösen. Es war die härteste und schwerste Eigenarbeit, die ich je gemacht habe. Viele male habe ich es heraus geschoben, Listen gemacht, wem ich verzeihen müsste und wer mir verzeihen muss - mein Vater stand immer an erster Stelle. Ich konnte lange nicht mit dem Thema arbeiten und habe es immer wieder verschoben, bis ich mir Hilfe holte, durch meine erste spirituelle Lehrerin. Ich war eine ihrer glühendsten Schülerinnen. Sie hatte ein eigenes großes Lebensthema zu bewältigen und ihr Name ist Louise Hay. Auch diese wunderbare Frau hat mein Leben geprägt.

Nachdem ich mich Hals über Kopf in einen Mann verliebt hatte, der sehr nett und liebevoll mit mir umging, war ich seinem Charme total erlegen. Zumal er auch noch 4 Jahre älter war als ich, hat er mir sehr imponiert.

Nachdem wir einmal miteinander geschlafen hatten wurde ich natürlich ohne Pille und Schutz sofort schwanger.

Als ich erfuhr, dass ich schwanger war, ging es meinen Eltern nicht schnell genug, mich ganz schnell zu verheiraten und aus der Stadt ziehen zu sehen.

Mir war es recht, denn so kam ich endlich von zu Hause weg. Also zog ich von Niedersachsen nach Frankfurt in eine kleine Wohnung am Stadtwald.

Die letzte Zeit meiner Schwangerschaft verbrachte ich im Krankenhaus, weil meine Nieren nicht mehr richtig arbeiteten. Ich musste den Rest der Zeit mit einem Katheder und mit Medikamenten im Bett verbringen, um die Gefahr für das Kind und mich zu bannen.

Nachdem ich dann sage und schreibe drei Tage im Kreisssal verbracht hatte, gebar ich mein einzigstes Kind, einen Sohn, der wie ein Sonnenschein in mein Leben trat. Es war wohl der glücklichste Moment in meinem Leben, als ich mein, leider sehr von der Geburt mitgenommenes Baby, im Arm hielt. Es war endlich etwas, was mich wirklich mit dem Leben verband. Ein Kind, welches ich unter so schwierigen Umständen bekam, weil ich mich geweigert hatte, die Schwangerschaft zu unterbrechen, obwohl es sehr ernst um meine Gesundheit bestellt gewesen war. Selbst meinen Vater holten sie noch nach Frankfurt, um seine Einwilligung zu bekommen, einer Unterbrechung zu zustimmen. Damals war man erst mit 21 Jahren vollmündig und ich war gerade mal 20 Jahre alt.

Da fand ich den Chefarzt als meinen rettenden Engel …. Er fragte mich, anschließend nach einer Visite, ob ich denn das Kind wirklich haben wollte und bereit wäre, mich auch für eine längere Zeit ins Krankenhaus zu legen. Obwohl mein Vater eine Unterbrechung befürwortete, sah ich mich und mein Kind in großer Gefahr und hoffte auf Unterstützung und Gehör beim Doc. Dieser geniale Mensch hatte nur eine Frage an mich. Die lautete: „Wer bekommt das Kind, sie oder ihr Vater?" Ziemlich dämlich sah ich ihn an und er fragte noch mal. Da antworte ich ihm, dass ich das Kind haben möchte. Na sehen sie und so machen wir das auch. Ich drückte und küsste ihn vor Freude. Von da ab war er mein Verbündeter.

Wie versprochen, kam er auch in der letzten Nacht der Geburt, um mir zu helfen. Er hatte an einem Arm noch einen Smokingärmel an, auf dem anderen schon den Kittel. Ich erinnere mich noch, dass seine Fliege auf Halbmast hing und unter seinem Kittel zur Hälfte hervorkam. Er eilte schnellstens zu mir ins Krankenhaus, direkt von einer Party, als man ihn rief.

Es gab noch einige Komplikationen mit meinem Sohn, aber er war am Ende in kompetenten Händen und wuchs dann sehr schnell gesund auf.

Kaum zu Hause angekommen, empfingen mich meine Nachbarinnen neugierig und liebevoll. Alle waren über das Küken mit Kind hocherfreut und so hatte ich von allen Seiten Unterstützung.

Von einer Nachbarin erfuhr ich, die nichts Besseres zu tun hatte, als mich darauf aufmerksam zu machen, dass mein Mann oft Damenbesuch während meiner Abwesenheit gehabt hätte. Dann beschrieb sie mir sogar haargenau einen sehr ungewöhnlichen Damenschirm, der immer vor der Tür in der Ecke stand. Farben in lila mit gelb und grün, sehr ungewöhnlich für die damalige Zeit.

Als es mir wieder besser ging und ich meinen Mann in seinem Büro besuchte, was glauben sie, was da in einem Schirmständer stand? Ja genau, dieser üppig lila-grün-gelbe Schirm. Ich fragte die beiden Damen im Büro, wem denn dieses bildschöne Modell gehöre. Eine der beiden Vorzimmerdamen sagte freudestrahlend, dass es ihrer sei.

Nun, da hatte ich eigentlich meine innere Scheidung von meinem Mann vollzogen. Ich wusste, ich werde ihn verlassen müssen. Doch die endgültige Scheidung dauerte dann doch noch einige Zeit. Nun war ich das erste Mal mit Untreue konfrontiert. Ich fand es unbeschreiblich verletzend, während ich unser gemeinsames Kind bekomme, amüsiert sich mein Mann mit seiner Vorzimmerdame.

Überflüssigerweise versicherte er mir mit Nachdruck, dass es gar nichts Wichtiges sei, denn nach dem Duschen hätte er es schon vergessen. Wow! Nun hatte ich ein großes Problem. Ich konnte nicht glauben, was er mir da sagte. Wie ist es möglich, dass ein Mensch-Mann so spricht? Ich habe ihn darauf hin nie mehr wirklich erreichen können und er mich auch nicht. Schade, ich war zu dumm und in meinem Ego gekränkt, so dass wir nicht mehr die gleiche Sprache sprachen.

Das konnte doch nicht die Liebe sein?

Das Leben sollte weiter gehen und noch viele Überraschungen für mich bereithalten. Wenn man anderen Menschen helfen möchte, dann sollte man zu erst lernen, wie man sich selbst hilft. Aber davon war ich noch weit entfernt.

Es sollten zu meiner Abrundung ins Menschenleben noch so einige Herausforderungen kommen.

Somit war, mit heutiger Sicht, die nächste Katastrophe vorprogrammiert. Noch viel schlimmer, ich habe sie gerade zu herausgefordert. Ich wollte Menschen prüfen und sehen wie weit sie gehen.

Nachdem ich geschieden war und auf Unterhalt für mich persönlich großzügig verzichtet hatte, musste ich nun mit einem 4 jährigen Kind Geld verdienen, um uns ein Auskommen zu sichern.

Mein Sohn ging noch in den Kindergarten und ich nahm meinen Beruf als Arzthelferin wieder auf. Es waren wunderbare „Lehrer" dabei, für die ich alle mit viel Freude gearbeitet hatte. Ob im Sprechzimmer oder im Labor, ich war mit großem Eifer dabei.

Allen voran hatte ich in der Zeit eine Anstellung bei einer Kinderärztin, die ich über alle Maßen verehrte. Sie hatte, glaube ich, fünf oder sechs Kinder. Sie lebte und arbeitete im gleichen Haus und so fand ich ähnliche Umstände vor, wie sie in meinem Elternhaus auch üblich waren. Nur mit dem Unterschied, dass der General hier eine Frau war.

Diese Frau hat im Strassengraben, nach einem Unfall, bei einem Kind eine Brustkorböffnung vorgenommen und die Herren Ärzte aus dem Unfallwagen total blamiert. Ich dachte, sie operiert so, als ob sie im Krieg wäre. Genau mit diesen Satz setzte sie auch das Skalpell an. Es war durch einen Unfall fast zu Tode gekommenes Kind. Sie hatte so viel Mut, diese kleine Frau Doktor, dass es nicht zu beschreiben war. Das Kind überlebte.

Bei ihr lernte und entdeckte ich meine Fähigkeit, Kinder zu beruhigen, wenn sie große Angst hatten. Schnell fand ich heraus, dass wenn ein Kind im Wartezimmer schreit, alle mitschreien, und dass die gesamte Sprechstunde über. Also erzählte ich ihnen kleine Geschichten und stellte ihnen Fragen. Zur gleichen Zeit wurden sie geimpft oder bekamen ihre Spritze in den Po.

Es war eine schöne, erfolgreiche Zeit. Leider stimmte das Gehalt nicht und auch mit Überstunden und Zusatzarbeit, wie zum Beispiel Referate schreiben für einen Anwalt, kam nicht genug Geld in die Haushaltskasse.

Eine liebevolle Tagesmutti hatte ich auch gefunden, bei der mein Sohn in den Genuss kam, mit anderen Kindern am Nachmittag zu sein, um nicht sein Leben als Einzelkind zu verbringen.

Ab und zu hatten mein Junge und ich mal einen Job als Fotomodell für einen Katalog und da kam auch ein wenig Geld zusätzlich ins Haus.

In der Zwischenzeit hatten einige Frauen sich zusammengetan und wir entwarfen T-Shirts und Pullis für Kinder. Wir hatten zwei Strickmaschinen und fabrizierten dort eine kleine Kollektion für unseren Eigengebrauch, und einen kleinen Verkauf organisierten wir auch.

Eines Tages lernte ich einen jungen Mann kennen, der in einem renommierten Kaufhaus Einkäufer in der Herrenabteilung war. Er fragte mich, ob wir die Oberteile nicht verkaufen würden. Und so kam ein kleines Geschäft zustande. Wir waren alle euphorisch in unserer Strickarbeit, mal die

Eine, mal die Andere am Gerät. Es war super, wie die Wolle nur so davon spulte.

Dieser junge Mann hat sich dann eines Tages in mich verliebt und ich fand ihn auch sehr nett. Mit der Liebe dauerte es ein wenig länger, denn mein Bedarf war immer noch gedeckt. Dann kam er eines Tages auf eine tolle Idee. Ein Hersteller hätte ein kleines Ladenlokal von einer Kundin, die zahlungsunfähig geworden war, und dieses hätte er – uns- angeboten.

Er sagte -uns-. Und ehe ich mich versah, war ich Geschäftsinhaberin eines kleinen, elitären Ladens, mit tollen Hosen, passenden Pullis und T-Shirts.

Bald kamen noch zwei weitere Geschäfte dazu und die Arbeit wuchs und wuchs. Es machte uns sehr viel Spaß und alsbald standen wir beide, jeweils in einem Laden, an unserer eigenen Kasse.

Oft mussten wir nun in Mailand und Paris einkaufen, denn die Kontakte hatten wir ja durch meinen Partner, der in der Zwischenzeit auch mein Lebenspartner geworden war. Wir waren eine richtig nette, kleine Familie wir drei, kauften uns einen Hund und nannten ihn Pasha.

Als ich mal wieder nach Paris fliegen musste, lud ich meine mittlere Schwester zu mir ein, sich um den Haushalt und um meinen Sohn ein wenig zu kümmern. Nun, lange Rede kurzer Sinn, sagt man wohl, sie kümmerte sich auch sehr ausgiebig um meinen Freund und Partner. Ich ahnte so etwas, kam einen Tag eher nach Hause und dachte, ich überrasche die Drei damit, eher daheim zu sein. Nun die Überraschung ist mir gelungen. Ich fand sie inflagranti. Heute noch muss ich mir den blöden Satz in vielen Filmen anhören: „Es ist nicht so, wie du denkst"!!

Nun, ich muss wohl nicht ausführen, wie zerschmettert ich war. Meine eigene Schwester macht keinen Halt vor meinem Partner. Ich konnte sie nicht mehr sehen und habe sie einfach an die Luft gesetzt. Dann bin ich am nächsten Tag ins Reisebüro gegangen und habe erstmal eine Reise nach Spanien gebucht. Nur eine Woche, einfach weg und nachdenken.

Gott sei Dank gab es immer noch meine liebe Tagesmutti, die sich natürlich sofort anbot auszuhelfen.

Schon wieder hatte ich es mit Betrug und Lüge zu tun. War ich wirklich so naiv und gutgläubig? Sicher wohl, denn ich unterstellte niemanden etwas Böses. Ich dachte immer, dass Treue etwas mit dem Herzen zu tun hat. Auch wenn der größte Trick der Natur darin besteht, die Männer als Jäger einzustufen.

Als ich wieder kam, stand für mich fest, ich werde diesen Kerl verlassen.

Er fühlte sich gar nicht wohl in seiner Haut und wollte sogar von der Terrasse springen, wenn ich ginge. Immerhin wohnten wir damals in schwindelnder Höhe, in der zehnten Etage. Also machte ich noch einige Zeit weiter und fand dann aber sehr schnell heraus, dass man sich immer noch traf und hinter meinem Rücken Gespräche am Telefon führte. So wollte ich einfach nicht weiterleben und ich konnte mir auch die weitere Familien-Konstellation nicht so recht vorstellen.

Diese Veränderung war natürlich für meine Familie sehr unangenehm und so hielt ich erstmal Abstand, um mich wieder neu zu finden.

Eines Tages kam ein Generalimporteur von einer italienischen Nobeljeansfirma in mein Geschäft, der sehr schöne Ware hatte. Er war ein guter Freund meiner damals besten Freundin, die später nach Frankreich auswanderte. Er kam aus München und hatte für meine Ohren einen wunderbaren Klang in der Stimme.

Ohne ersichtlichen Grund, erzählte ich diesem wildfremden Mann, nach ganz kurzer Zeit, meine ganze Lebensgeschichte und er hörte aufmerksam zu. Der erste Mann in meinem Leben, der mir wirklich zuhörte. Ich fasste es kaum. Wir gingen dann am Abend gemeinsam essen und als Freunde wieder auseinander.

Er erzählte mir auch sein Lebensschicksal und das seiner jüdischen Eltern. Seine Mutter war dem Konzentrationslager entflohen, über einen helfenden Arzt befreit worden, der ihr eine Schwesterntracht besorgte. Sein Vater war als polnischer Offizier in Kriegsgefangenschaft geraten. Seine Eltern haben beide ihre gesamte Familie im Krieg verloren und haben dann 1945 zusammengefunden, um das große Leid gemeinsam zu tragen. Aus dieser Beziehung entstand dann mein neuer Freund, der weit weg in München lebte.

Er riet mir nach unseren tief greifenden Gesprächen, ein neues Leben zu beginnen und es in München doch mal zu wagen, Fuß zu fassen, zumal ich ja bayrische Wurzeln habe und dort geboren wurde. Immer schon hatte mich die Magie, die Bayern ausstrahlt, angelockt. Ich kannte es damals nur flüchtig von den diversen Modemessen. Ich fühlte mich immer „sauwohl" in Bayern, wie der Bayer sagt.

Mein bayerischer Freund rief eines Tages an und erzählte mir, er habe eine Wohnung gefunden und ich solle mich entschließen umzuziehen und einen Neuanfang zu wagen. Mein Junge war gerade in die 1. Klasse gekommen und da dachte ich, dass es noch nicht so schwerwiegend ist, mein Kind aus der Schule zu nehmen. In den nächsten Ferien war es soweit. Ich verließ Frankfurt und fuhr nach München. Mein Sohn war total aufgeregt und neugierig, ohne Ende, so dass er mich alle 50 km fragte, wann denn nun endlich die Berge kommen würden.

In München angekommen, stellte sich heraus, dass die vorgesehene Wohnung bereits vergeben war. Ich stand nun mit meinem Möbelwagen auf der Münchener Freiheit und wusste nicht weiter. Mein Freund war auch ratlos und hängte sich ans Telefon. Ein Gespräch mit seinen Eltern und schwups hatte er mich dort untergebracht.
Nun befand ich mich inmitten einer vollkommen fremden Familie, die unter sich polnisch sprachen. Ich dachte zuerst, sie streiten den ganzen Tag. Heute muss ich darüber lachen, denn es hörte sich für meine Ohren einfach nur so an. Diese Menschen lebten IHR Leben und waren wirklich authentisch und auch noch sehr lustig dazu.
Es war eine aufregende Zeit, aufgenommen in einer Familie, mit einem wunderbaren Vater und einer sehr lieben und schönen Mutter. Ich beneidete, glaube ich, meinen Freund damals sehr um dieses heile Elternhaus.
Nachdem ich nun alles wusste und auch erfuhr, dass das Familienoberhaupt einen honorigen Posten bei der jüdischen Gemeinde innehatte, lernte ich alles über das jüdi-

sche Leben und ihren Umgang miteinander. Ich las über die jüdische Geschichte historische Bücher, von Engländern und Amerikanern gleichermaßen.

Als ich meinen Gastvater danach fragte, wie er denn in Deutschland leben könne, wo ihm doch so viel Leid durch die Deutschen passiert wäre, sagte er: „Wo denn sonst könnte ich lernen zu verzeihen, wenn nicht hier in Deutschland unter den Deutschen"!! Dieser alte, weise Mann ist bis zu seinem Tode mein Mentor gewesen. Ich habe ihn sehr verehrt und geliebt.

Im Laufe der Zeit wurde die Freundschaft zu meinem Freund zu einer großen Liebe. Wir verstanden uns prächtig, liebten uns, unternahmen alles gemeinsam, und das Thema andere Frauen war auch nicht vorhanden. Wir haben alle meine Ängste diesbezüglich aufgearbeitet und er war der erste Mensch, zu dem ich dann wieder totales Vertrauen hatte.

Unsere Beziehung hielt fast 12 Jahre und wir haben wunderbare gemeinsame Jahre miteinander verbracht. München gefiel mir sehr und auch mein Sohn hatte sich in dem neuen Schulsystem sehr schnell zu Recht gefunden.

Dieser wunderbare Mensch, der nun auch mein Lebenspartner geworden war, hatte in seiner gesamten Sensibilität zwei schwere Laster. Das Trinken haben wir abgeschafft mit Hilfe einer Therapie, mit dem Programm der anonymen Alkoholiker und für mich in der Gruppe für Co-Abhängigkeit. Ich habe dort sehr viel für mein Leben gelernt, über meinen Partner, über Suchtprobleme, Co-Abhängigkeit, Helfersyndrom und Selbstbetrug.

Wir haben es geschafft, dachte ich. Doch das zweite Laster ließ nicht lange auf sich warten. Er ging nun ins Casino oder spielte Karten, um viel Geld und immer um mehr Geld. Da konnte und wollte ich nicht mehr mit dabei sein, um zuzusehen, wie sich der Mensch, den ich neben meinem Sohn am meisten liebte auf der Welt, sich zugrunde richtet und eventuell uns gleich mit da zu.

Wieder mal stand ich vor der Entscheidung zu gehen und neu anzufangen.

Ich zog in eine andere Wohnung und siehe da, mein Partner dachte, es dient nur meinem Selbstfindungstrip. So nannte er das. Es folgten schmerzliche Auseinandersetzungen, denn eine Sucht lässt sich nicht einfach auf die Seite schieben.

Er dachte, die Welt ist in Ordnung und er kam jeden Abend zum Abendessen. Seine Wäsche hat er mir natürlich nicht zugemutet, aber wenn ich gefragt hätte, sicherlich auch gerne mitgebracht. Er fand einen neuen Job in Italien und dort trinkt man gerne schon zum Mittagessen ein kleines Gläschen Wein. Das war sein Verrecker, wie ich das so nenne. Er rief mich nochmals an, total betrunken und leider sehr traurig über sein Dasein und seine neue Partnerin, der ihre Kinder wichtiger waren als er, wie er sagte.

Ein paar Tage später ist er bei einem Autounfall ums Leben gekommen.

Es war ein großer Verlust für mich und ich war sehr traurig, denn diese Geschichte wurde durch seinen Tod beendet.

In all den Jahren danach war ich mit vielen Therapeuten in Verbindung getreten und habe in dieser Zeit viel gelesen und in Seminaren verschiedene Ausbildungen gemacht. Mich interessierte nun immer mehr, wie die Dinge des Lebens doch alle schicksalhaft miteinander verknüpft sind. Und etwas Geniales fand ich dabei heraus.

Alles fängt im Kopf an!!

Das bestätigten mir alle Lebensgeschichten meiner Klienten und Freunde.

Die Seele, der Körper sowie der Geist sind ein Dreiergespann, die man auf keinen Fall von einander trennen kann und darf. Und trotzdem, alles fängt im Kopf an. Was wir denken, wird sein, das wusste schon Buddha und verkündete diese Lehre.

Wichtig ist, nicht was geschehen ist, sondern WIE wir es erlebt haben. Wie wir es wahrgenommen haben. Das ist unsere persönliche Wahrheit. Wie wir darüber fühlen, das setzt sich fest und manifestiert sich zu einer **Blockade im Körper**.

Alle Krankheiten sind eine Blockade in unserem Energiesystem. Der Lebens-Strom kann nicht ungehindert zu den jeweiligen Organen und Zellen fließen. Wir verkümmern, in dem wir uns verkriechen oder uns etwas vorgaukeln.

Wie gehe ich in solchen Stresssituationen mit mir selber um????

Wir brauchen Anleitungen dazu, wie es geht. Wir können diese Arbeit nicht wirklich allein machen, ohne Hilfe.

- Wie erlerne ich es, mir selbst nicht noch weiteren Schaden zuzufügen?
- Wie höre ich auf, mich immer wieder selber zu torpedieren?
- Wie lerne ich, auch aus der Krise eine Chance zu machen?

Aus der Krise eine Chance zu machen, erkennen wir am ehesten, wenn wir uns unsere Krankheiten ansehen. Immer wieder passiert es, dass wir unser eingebautes Frühwarnsystem einfach überhört haben, weil wir so zugeschüttet sind, mit all den angestauten Kümmernissen des Lebens.
Wem kann ich vertrauen und mich mal richtig fallen lassen und mal so alles von der Leber weg erzählen, wie mein Leben so läuft, mit allen Ecken und Kanten?
Freundschaften sind schon hilfreich, aber sehr oft überfordert mit der gestellten Aufgabe.
Der Lebenspartner ist gänzlich ungeeignet, weil man immer versucht sein wird, sich selbst gut dastehen zu lassen, aus Angst, er könne uns sonst verlassen. Ja, Vertrauen ist etwas, was wir erst wieder lernen müssen, ebenso zu vergeben. Und trotz aller Enttäuschungen im Leben gibt es immer einen Ausweg und ich sage Ihnen heute
ALLES IST MÖGLICH!!
ALLES IST MÖGLICH!!

Glauben sie mir, wenn Sie nur wirklich wollen und sich selbst wirklich einlassen, auf sich selbst, dann können sie ganz bestimmt Dinge verändern und Sie haben das Gefühl, sie stehen auf einem der höchsten Berge in ihrer Umgebung.

Glauben Sie mir
ALLES IST MÖGLICH!!!

Der erste Schritt ist immer der Schwerste. Aber jede neue Reise beginnt mit dem ersten Schritt, nicht wahr?

Als Erstes sollte man sich klar machen, WAS funktioniert eigentlich nicht in meinem Leben.
Und das Zweit- Wichtigste ist, seine Gedanken nicht in Gut und Böse einzuteilen. Die Wahrheit ist, es gibt gar kein GUT und BÖSE.
Jenseits von Gut und Böse, gibt es einen Ort, dort treffen wir uns, habe ich von meinen Lehrern gelernt.
Es gibt aber etwas, was einfach nicht GUT für mich ist. Lassen Sie sich nicht dazu hinreißen, alles **Das** zu glauben, was man Ihnen in all den Jahren beigebracht hat. Ich meine all die Dinge, die vielleicht für andere Gültigkeit haben, aber nicht für Sie. Denn es ist Ihr eigenes individuelles Leben. Fangen Sie an zu hinterfragen, ob es wirklich ihre eigene Wahrheit ist.

Ich nenne all diese Dinge, die man seit der Kindheit über-nommen hat, die Dinge, die man uns ins Familienbuch geschrieben hat. Die Glaubensbekenntnisse, die wir einfach übernommen haben.

Wichtig wäre nun erst einmal den roten Faden zu finden, wo es immer wieder gleiche Muster gibt. Wo liegen die Fallstricke, über die wir immer wieder in die Falle tappen? Sie sind nicht einfach zu erkennen, weil einmal sind sie in Rot verpackt und ein ander mal in Blau. Also, nicht entmutigen lassen, wenn man nicht gleich diesen roten oder blauen Faden findet.

Fühlen Sie sich ermutigt nachzuforschen, wann Sie traurig sind und weshalb, oder warum reagieren Sie wütend und verletzt, oder wann wundert sich Ihr Umfeld über ihre viel zu heftige Reaktion?

Viele dieser Kümmernisse sind schon in die Gewohnheit übergegangen und wir leben damit einfach nicht glücklich und zufrieden.
Doch der Sinn des Lebens kann nicht darin bestehen, dass wir uns unverstanden, zurück gesetzt, traurig, wütend, nicht geachtet, nicht geliebt und vieles mehr fühlen.
Fangen Sie an, lieber Freund und Freundin, und lassen sic sich auf sich selbst ein.

Und nun, an dieser Stelle, da Sie immer noch dabei sind, dieses kleine Buch zu lesen, und sicher neugierig sind, wie ich meine Probleme gelöst habe, möchte ich Ihnen das DU anbieten.
So mache ich es auch bei meinen Klienten und es arbeitet sich einfach besser. Und da ich gerne an die Stelle eines guten Freundes treten möchte, finde ich es angebracht, dass wir uns nun beginnen zu duzen.
Wenn es Ihnen nicht gefällt, dann legen Sie das Buch weg oder verschenken Sie es.

Herzlichen Dank für Dein Vertrauen, denn sich zu öffnen, bedeutet sich wirklich einzulassen.

Sieh mal, ich habe dir schon so viel von meinem Leben erzählen dürfen und möchte dich ja auch in den Genuss bringen, zu sehen und mit zu erleben, wie ich meine Hürden überwunden habe und an meiner „Meisterschaft" des Lebens arbeite.

Der Körper lügt nicht

Meine größte Herausforderung war dann auch in München passiert, nach dem ich sehr krank wurde. Ich litt an einer Eierstockszyste, die mir große Schmerzen bereitete. Nach der ersten Operation ging es mir kurzzeitig wieder besser, aber die Schmerzen blieben. In kürzester Zeit bildete sich ein neuer Tumor, der in ungeheurer Geschwindigkeit gewachsen war. Nochmals musste ich operiert werden.

Ich wurde mit großer Angst in den Operationsraum geschoben und mich überfiel eine Ahnung, dass irgendetwas nicht gut gehen könnte.

Mittendrin verspürte ich etwas sehr ungewöhnliches. Ich war plötzlich vollkommen anwesend bei der Operation, ich konnte sehen, wie sich die Ärzte um mich bemühten, der Narkosearzt bekam eine Rüge , die OP-Schwester wurde zur dummen Kuh, und der Herr Chefarzt hatte das Stethoskop auf den Boden geschmissen. Ich erkannte, dass ich denen da unten weggeblieben war, wie man das so schön nennt.

Ich habe mit angesehen, wie sie mich reanimiert haben und wie sie um mich gekämpft haben. Sie sagten, sie hat schon so viel durchgemacht, sie muss leben. Sie schafften es, wie man sieht.

Sie haben sich wirklich sehr bemüht und ganze Arbeit geleistet.

Ich musste etwas länger in meinem Krankenbett bleiben, nachdem ich mich wohl doch entschieden hatte, dieses Leben weiter zu leben.

Der Oberarzt, der gleichzeitig auch bei der Operation anwesend war, besuchte mich dann kurz nach meinem Erwachen an meinem Bett.

Er stellte die tief greifende Frage…"Na, wie fühlen wir uns denn??"

Wir, wer ist wir? Ich war gemeint, ich fühlte mich einfach hundeelend und vollkommen fertig mit der Welt. Das sagte ich ihm und er fragte mich, ob ich etwas von der Operation mitbekommen hätte?

Da kamen die Erinnerungen zurück und ich sah alles nochmals, wie vorher beschrieben. Er setzte sich an mein Bett, hielt meine Hand und versprach mir, am Abend wieder zu kommen und sich mit mir darüber zu unterhalten.

Das war der große Wendepunkt in meinem Leben, an dem sich alles ändern sollte, wirklich alles. Meine Beziehung zum Leben, zu all den Fragen, wo komme ich her, wo gehe ich hin und was ist der Sinn und die Aufgabe meines Lebens.

Am Abend brachte er mir Bücher über das Leben nach dem Tod, ein Buch von Frau Dr. Kübler-Ross, der Sterbeforscherin; von Joseph Murphy über das Unterbewusstsein; Von Rüdiger Dahlke – „Krankheit als Weg".

Und nachdem ich mich wieder einigermaßen hochgerappelt hatte, hat mich die Neugier nicht mehr losgelassen, alles über dieses Thema des kurzzeitigen Nahtoderlebnisses zu erfahren. Es war eine aufregende Zeit, diese wertvollen Bücher in den Händen zu haben. Viele Bücher folgten und ich habe dann mit großer Dankbarkeit das Leben mit einer ganz anderen Sichtweise weiter geführt. Ich war dankbar über die vielen Dinge, die mir im Leben begegneten. Die lieben Menschen an meiner Seite und auch die Chancen, die ich immer wieder bekam. Ich stellte fest, dass das Leben wirklich die beste Schule ist und dass man genau die Dinge angezogen hat, mit denen man gerade beschäftigt ist.

Ich hatte eine sehr nette Mitpatientin in meinem Zimmer. Diese Frau erzählte mir nach einiger Zeit über ihre Art von Liebe und was sie darunter verstand. Sie lag in der Klinik, um als Spät-Erstgebärende ihr Kind nicht zu verlieren. Sie war die Frau eines angesehenen Politikers und vertraute mir an, dass ihr Mann keine Kinder zeugen könne. Sie aber dachte, sie müsse diese Diagnose vertuschen und ihrem Mann nicht zutragen. Sie kam auf die Idee, bei einer ihrer Geschäftsreisen nach Italien, sich einen Mann zu suchen, der der Vater ihres Kindes sein sollte. Sie freundete sich mit einem Mann an, der ähnliche Merkmale, wie ihr eigener Mann hatte und legte es darauf an, schwanger zu werden, was auch klappte.

Sie ließ ihren Mann nun in dem Glauben, dass er Vater würde und sie war fest davon überzeugt, dass sie in vollster Liebe handelt, ihm auf diese Art ein Kind zu schenken. Jeden Tag kam nun der gute Ehemann mit seinen Blümchen oder Geschenken daher, überglücklich zu wissen, dass er bald Vater würde.

Ich konnte beobachten, wie liebevoll er sich mit viel Sorgfalt um seine Frau kümmerte.

Als er wieder ging, fragte ich sie, wie sie das Alles vereinbaren kann? Sie sagte mir, dass sie sich einfach manifestiert hätte, dieses Kind ist das Kind meines Mannes und mir. Und basta.

Nun, ich verlor sie aus den Augen und bekam eine Geburtsanzeige eines kleinen gesunden Jungen. Wie sie mit ihrem Gewissen dies alles vereinbart hatte, konnte ich leider nie wirklich erfahren.

Nur eine kleine Bluttransfusion oder eine Krankheit kann die Lüge an den Tag bringen.

Manche Menschen laufen mit einer so großen Last herum, und beim Verabschieden, fragte ich sie, ob sie wirklich glaube, mit einer Zeitbombe leben zu können. Ganz zu schweigen vom falsch verstandenen Liebesbeweis. Dass sie es aus Liebe tat, möchte ich sogar beschwören. Sie verabschiedete mich mit den Worten, ach weißt du, ich habe es dir erzählt und das hat mir sehr geholfen. So komisch ticken wir Frauen und wir sind für Männer wirklich nicht ganz nachvollziehbar.

Als ich entlassen wurde, kam ich langsam wieder auf die Beine. Bei einer Nachuntersuchung, nach einigen Monaten, stellte mein damaliger Frauenarzt bei einer Mammographie fest, dass ich an beiden Brüsten große Zysten hatte. Ich war zerschmettert und vollkommen ausgeliefert.

Bis heute sehe ich diesen „Herrgott in Weiß", der sich über mich erhob und mit unbeschreiblicher Arroganz sagte, auf die Frage, ob es eine alternative Heilmethode gäbe. Nein! So sagte er wörtlich, sie kommen hier auf dem Boden hereingekrochen und bitten mich auf Knien, sie zu operieren!

Diese Unverschämtheit und Selbstherrlichkeit rief alles in mir auf den Plan, was ich noch niemals vorher gespürt hatte …

Ich hatte den Mut aufzustehen, dieses Sprechzimmer zu verlassen und ihn zu fragen, ob er seiner Ehefrau auch den gleichen Ratschlag geben würde ….

Heute frage ich mich, warum ich ihm nicht eine geknallt habe?

Dass ein Rat-Schlag auch ein Schlag war, das konnte ich nun wirklich bestätigen.

Nun war ich am Ende mit meinem Latein. Was tun, wer kann mir helfen? Wohin kann ich gehen? Eine Amputation kam auf keinen Fall in Betracht.

Kurz darauf las ich in einer medizinischen Fachzeitschrift doch tatsächlich von der Erkenntnis, dass über die Hälfte der Brustamputationen nicht nötig gewesen wären. Das gab mir Mut und große Hoffnung.

Und wie immer im Leben kommt eine Hilfe von irgendwoher, von wo wir es niemals vermuten.

Ich hatte in meiner Nachbarschaft eine Bekannte, die ich schon lange nicht mehr gesehen hatte. Nun lief sie mir direkt in die Arme. Weil sie ganz versunken in ihren Gedanken war, hielt ich sie an, um sie zu begrüßen und fragte sie dabei, dass ich dachte, sie sei weggezogen. Oh nein sagte sie, ich lag bereits im Totenkammerl im Harlachinger Krankenhaus und man hat mich nicht operieren können, wegen eines Herzfehlers.

Oh je, sie war sehr dünn geworden und ihre Haut sehr durchsichtig. Dann erzählte sie mir, dass eine Krankenschwester ihr eine Adresse von einem Heilpraktiker, der mit alternativen Heilmethoden arbeitete, gegeben hatte.

Dieser hatte sie in einem kurzen Zeitraum wieder auf die Beine gebracht und jetzt ginge es ihr wieder viel besser und sie befände sich auf dem Wege der Gesundung. Was für ein merkwürdiges Wort dachte ich noch. Gesundung!

Ich war natürlich gespannt wie ein Bogen und fragte sie aus. Günstigerweise standen wir ziemlich genau vor einem Cafe, mitten auf der Leopoldstrasse in München und wir gingen gemeinsam einen Tee trinken.

Ich war so unglaublich beeindruckt von ihrer Stärke und ihrem Willen zu leben. Diese Frau hat mir der Himmel geschickt. Ich stellte der Armen so viele Fragen und sie beantwortete alle mit großer Geduld.

Nachdem ich ihr meinen Leidensweg schilderte, sagte sie sofort, dass sie, wenn sie nach Hause käme, sogleich die Telefonnummer durchgeben würde, damit ich einen Termin bei ihrem Heilpraktiker machen könnte.

Nun stell dir mal vor, und es ist fast unglaublich, dieser Heilpraktiker hatte seine Praxis fast nur 500 Meter Luftlinie von meinem Büro entfernt.

Gibt es denn so etwas? Ich war so aufgeregt, dass ich total durcheinander war, als ich diesen Mann anrief. Er dachte wohl, dass ich so schnell wie möglich kommen müsste, so durchgedreht wie ich war.

Am nächsten Tag saß ich bei meinem freundlichen und aufmerksamen Heilpraktiker, der mir alle Zusammenhänge meiner Krankheit versuchte zu erklären.

Er ging erstmal von meiner Seele aus und fragte mich nach meinen Verletzungen, die ich erlebt habe. Hoppla, dachte ich, der geht ja sofort ran an den Speck und nimmt in seiner Kommunikation kein Blatt vor den Mund. Diesem Mann konnte ich Vertrauen. Mit all seiner Kompetenz hat er mit mir dann einen Arbeitsplan für meine Gesundheit ausgearbeitet und er erlaubte mir nicht mehr, von meiner Krankheit zu sprechen. Sondern sagte einen so klugen Satz wie:

Dein Körper muss lernen, sich daran zu erinnern, wie es sich anfühlt, total gesund zu sein. Und du wirst ab sofort nur noch von deiner Gesundung sprechen.

Es werden unangenehme Momente in dir hochsteigen, du wirst sauer auf mich sein, du wirst nicht mehr kommen wollen, du wirst eine Verschlimmerung feststellen und vieles mehr.

Alles, aber auch alles ist eingetroffen.

Im Laufe der Zeit merkte ich nach einer tatsächlichen Erstverschlechterung, dass es mir wirklich etwas besser ging.

Heute weiß ich, dass der Cocktail seiner Therapien, eine Mischung aus Traditioneller Chinesischer Medizin (TCM) war, verbunden mit ganzheitlichen Techniken, die sehr umfassend und vielseitig waren.

Da war ein Mensch, dem ich 100% vertraute, obwohl er eine gewisse Strenge an den Tag legte, um mich bei der Stange zu halten. Vom künstlichen Fieber bis zur transmentalen Meditation hatte er alles im Programm für mich.

Ich wollte ihm versprechen, wenn er mir half, dann würde ich den Rest meines Lebens damit verbringen, Menschen bei ihrer Selbstfindung und Gesundheitserhaltung zu helfen. Er sagte, mir musst du das nicht versprechen, verspreche es dir selbst.

Das war auch das, was ich am Abend in einer feierlichen Zeremonie tat, bei mir daheim, denn ich hatte auch gelernt, wie man seine innere Mitte findet und zur Ruhe kommt.

Ich lernte, wie ich Hoffnung schöpfen durfte, um mich auf meine zu erwartende Gesundheit zu freuen.

In dieser Zeit bekam ich das erste Buch von meinem „Engel in der Not" geschenkt. Er sagte, lese das mal, eine ganz gescheite und sinnliche Frau hat das geschrieben, sie ist Amerikanerin und ihr Buch hieß „Gesundheit für Körper – Geist und Seele". Und die Autorin hieß Louise Hay. Später habe ich sie auch persönlich kennen gelernt, auf einem Seminar. Eine faszinierende Lehrerin und Menschenfreundin.

Nun kann ich sagen, dass mein wirklich spirituelles Wachstum seinen Anfang nahm. Ich habe ihr Buch verschlungen und dann nochmals durchgelesen, danach habe ich den großen gelben Marker geholt und alles angestrichen, was ich ebenfalls erarbeiten wollte.

Noch heute habe ich dieses reichlich zerfledderte Buch in meinem Schrank und schon zig neue Exemplare gekauft und auch verschenkt.

Dieses Buch ist ein einfacher Ratgeber, und für mich war es so wichtig, dass es von einer Frau geschrieben war. Ich fühlte mich verstanden, aufgehoben und auch auf den Plan gerufen.

Ich lernte, wie ich mit großer Ehrlichkeit mit mir selbst beginnen musste, Selbst-Ver-Antwort-ung zu übernehmen. Da lag die Antwort in diesem kleinen Buch. Ich erkannte, wie sehr die wahre Antwort in mir Selbst liegt.

Du erhältst die Antwort, sowie du die totale Verantwortung für dich selbst und deinem Leben wieder übernimmst. Also, suche keine Antwort irgendwo da draußen, sondern finde die Antwort in Dir.

Wenn du aber außerhalb von dir suchst, verlierst du deine Balance. Werde dein eigener Lehrer und finde deine innere Ruhe. Lass die Angst, die hochkommt, einfach ohne Bedeutung. Schöpfe aus deinem inneren Reichtum. Da findest du alles, was du brauchst, um dich selbst in deine volle Kraft zu stellen.

Nach etwa 18 Monaten war ich wiederhergestellt und vollkommen gesund. Ohne Brustamputation und chemischen Medikamenten. In dieser Zeit schwor ich auch ganz vom Fleisch ab, weil ich es einfach nicht mehr ertragen konnte, Fleisch zu essen.

Ich zog aufs Land und mein Sohn, mittlerweile 18 Jahre geworden, blieb in München in seinem eigenen Apartment.

Ich war so unglaublich gesegnet mit einem großartigen Sohn, der mir wirklich nur Freude bereitete und sich nicht mit großen Pubertätsausfällen darstellte. Er ging dann für ein Jahr nach London, wo er seine berufliche Laufbahn einschlug und ist bis heute ein liebender und fürsorglicher Sohn geblieben. Ich bin sehr stolz auf ihn und seine wunderbare Frau, die zusammen zwei ganz reizende Kinder haben.

Ich schätze es sehr, dass es mir bei meinem Sohn gelungen ist, trotz häufiger Abwesenheit, die wirklich wichtigen menschlichen Werte zu vermitteln, die er auch heute ausstrahlt, ob bei der Erziehung seiner Kinder, im Umgang mit seiner Frau oder im Berufsleben.

Zu dieser Zeit auf dem Land ergab es sich, dass ich wieder vollkommen in den alternativen, medizinischen Bereich eintauchte.

Ich begann alles über Elektroakupunktur zu lesen und zu lernen.

Eine Medizintechnikfirma lud mich ein, um an einem Projekt mitzuwirken. Ich hatte das große Glück, dass ich in einem Kreis mitwirken durfte, in dem diese Geräte marktgerecht aufbereitet wurden. Dort fand ich wohl den besten Lehrer, den man sich auf dem Gebiet wünschen kann, einen Schüler vom Papst der Elektromedizin, Dr. Charles Waldemar. Dieser geniale Therapeut war so ganzheitlich orientiert, dass es eine Freude war, ihm bei der Umsetzung und Arbeit zuzusehen. Bei ihm durfte ich lernen, wie die Zusammenhänge im Körper ablaufen und wie genial unser Memory auch in den Genen ist.

Viele Nächte habe ich seinen Referaten und Erklärungen zugehört und mit großem Interesse seine Begeisterung über die Weiterentwicklung der Elektroakupunktur verfolgen können. Bis zum heutigen Tag bin ich ihm verbunden und wir sind auch heute noch gute Freunde. Danke Uli Knoop.

In dieser Zeit kam auch noch etwas in mein Leben, was absolut die ganze Lehre abrundete. Es ging um gute und richtige Ernährung. Eine amerikanische Firma, die damals in den frühen 90er Jahren in Deutschland auf den Markt kam, hatte revolutionäre Ergebnisse in unseren ach so mangelernährten Körpern erzielt. Es machte Sinn, dass sich Menschen mit einer ausgewogenen Ernährung vieler stoffwechselbezogener Krankheiten entledigen konnten. Es war eine Freude mit anzusehen, wie Menschen, die sich sehr malade und schwach fühlten, wieder auf die Beine kamen.

Meine jüngste Schwester konnte ich auch begeistern, weil sie mit einem unsäglichem Hautproblem belastet war und es nach ein paar Monaten völlig verlor. Dieses kleine Mädchen, nun heran gewachsen zu einer schönen Frau, und von Beruf Stewardess, hatte keine Lust mehr in der Welt herumzufliegen. Sie suchte etwas, was Sinn macht.
Sie engagierte sich ebenso wie ich darum, unser neues Geschäft gemeinsam nach vorne zu bewegen und dabei ist unsere Liebe zueinander nur noch mehr gewachsen.
Wir erkannten, dass es so viele Menschen gibt, die in einem ungeliebten Beruf lebten und dabei auch nicht gesund waren.

Meine Schwester wurde sehr erfolgreich in diesem Beruf, weil es auch ihre Berufung geworden war, Gesundheit und gesunde Ernährung in die Welt zu tragen.

Diese Mission, gesunde Ernährung in die Welt zu tragen, hatte mich so fasziniert, dass ich genau das tat. Viele Jahre durfte ich ferne Länder besuchen, die ich sicherlich nie bereist hätte und dort arbeiten. Ich hielt Seminare ab, bildete Leute aus, erklärte ihnen die Zusammenhänge von gesunder Ernährung und erklärte ihnen die Marketingidee. Auf diese Weise kam ich in viele Länder, die mich alle sehr beeindruckten.

Ein Land reizte mich sehr und mein Wunsch, dort zu leben, wuchs mit den Möglichkeiten. Ich hatte die Chance nach Griechenland zu ziehen und dort zu arbeiten. Eine andere Kultur, ein schillerndes Land. Obwohl so klein, hat mich dieses Land mit seinen gastfreundlichen Menschen in seinen Bann gezogen. Es wurden 6 wunderbare Jahre, die ich niemals im Leben vermissen möchte.

Ich empfand Griechenland als die Wiege meiner spirituellen Entwicklung und bin heute noch all den Menschen dankbar, die dazu beigetragen haben.

Es war eine wunderbare Erfahrung, erstmal nur mit einem Koffer, in ein neues Land zu gehen, ohne den gesamten Ballast von zu Hause mitzuschleppen. Die größte Erfahrung für mich bestand darin, mit mir selbst konfrontiert zu werden. Jetzt zählten kein Status, keine schöne Wohnung, kein Auto oder all diese Statussymbole, die man sich so angeschafft hatte. Nein, hier stand ich vor einem totalen Neuanfang, mit einem Koffer in einer gemieteten, möblierten, kleinen Wohnung. Noch hatte diese Wohnung nichts mit mir gemeinsam. Ich war glücklich, dass mir eine Griechin ihre Wohnung überließ, während sie in Deutschland weilte. Ich war vollkommen auf mich gestellt, weder der Sprache mächtig, noch kannte ich eine Person. Es war die größte Herausforderung, die ich bis damals je angenommen hatte.

Dieses Licht in Griechenland, dieses Leben, das prall angefüllt war mit Hektik, Geschäftigkeit, Tavernen und griechischer Musik, um nicht den Rotwein zu vergessen, ist einfach ein Schauspiel.

Ich muss heute sagen, dass ich mich zu keiner Zeit als Fremde fühlte. Wie ich aufgenommen wurde, war eine wahre Freude zu erleben und die Herzlichkeit der Griechen ist einfach umwerfend. Es war so etwas, wie nach Hause zu kommen, ohne die Landessprache zu sprechen.
In dieser Zeit durfte ich eine tolle Entdeckung machen. Da ich mich viele Jahre immer mal wieder aus Interesse der Körpersprache widmete, konnte ich, da ich der griechischen Sprache nicht mächtig war, geniale Studien machen. Ob es auf dem Markt war, oder bei den Nachbarn, oder bei meinen Gesprächen, die ich mit Geschäftsleuten führte, um sie für die Marktaufbereitung im Land zu interessieren und zu engagieren.
Da ich zu der Zeit fast immer mit einem Übersetzer arbeitete, hatte ich unendlich viel Zeit, während mein Gesagtes übersetzt wurde, mein Gegenüber zu studieren. Es war eine außerordentliche Erkenntnis, zu erfahren, auch wenn man die Sprache des Menschen nicht versteht, die Körperhaltung und der Ausdruck Bände sprachen.

Ich hatte mich zuletzt so geschärft, dass ich sogar erkennen konnte, ob Menschen schwindelten. Obwohl ich die Sprache nicht verstand, erkannte ich, dass das Gesagte nicht mit der Körperhaltung übereinstimmte.

Diese Erfahrung konnte ich natürlich für meinen weiteren Lebensweg sehr gut nutzen. So machte ich aus der Wartezeit beim Übersetzen ein kleines Hobby.

Fazit: **Der Körper lügt nicht!**

Nach kurzer Zeit entschied ich mich, dann ganz in Griechenland zu bleiben und wanderte endgültig aus.

Ich nahm meine Katzen und meinen Hund mit, mietete mir ein kleines, ehemaliges Fischerhaus, direkt am Meer und fühlte mich jeden Tag von der Glücksgöttin geküsst.

Diese Zeit war die Wichtigste in meinem Leben, denn ich war komplett auf mich allein gestellt und stand selbstverständlich mir selbst auch regelmäßig im Wege. Nun gab es niemanden mehr, dem man die Schuld geben konnte, es war niemand da, der etwas nicht erledigt hatte, außer mir selbst. Es war herrlich, mir selbst zuzusehen, wie ich mit meinen eigenen Unzulänglichkeiten im Duell stand. Es war eine reife Erfahrung festzustellen, dass ich mich selbst immer wieder ausbremste und mich selbst torpedierte.

Natürlich kamen auch die entsprechenden Menschen in mein Leben, die selbstverständlich alle meine Knöpfe gedrückt hatten.

Da war ein Geschäftsfreund, der sich als sehr hartnäckig herausstellte und ich dachte, er ist wohl nur auf der Welt, um mir Widerstände entgegen zu bringen. Ich war am Verzweifeln, denn alles was ich versuchte, ihm zu vermitteln, er wusste es besser, oder es traf nicht seinen Nerv. Er war sehr männlich und auch dementsprechend trat er auf. Nun, es sah so aus, als ob sich das Vorurteil doch noch bestätigte, dass viele Griechen Machos seien. Na klar, hatte ich ihm als Frau etwas zu zeigen und beizutragen, was ihn erfolgreicher in seinem Geschäft machen sollte. Er war bei allem erstmal dafür, dass er dagegen war. Kennst du solche Menschen? Ich denke, wir alle haben es schon mal erlebt.

Also versuchte ich mich mit ihm intellektuell auseinander zu setzen. Das führte dazu, dass er immer noch eins draufsetzte. Es langweilte mich langsam und ich war geneigt, ihm das deutlich zu zeigen. Die Wahrheit war, ich konnte ihn nicht erreichen, zuerst dachte ich, es liegt an der Sprachlichkeit des Anderen. Aber nein, wir verstanden uns prächtig in Englisch und es gab auch ansonsten keine großen Missverständnisse.

Doch eines Tages begann er mich anzuschreien und auszurasten. Er hasste meine Beständigkeit, Dinge zu untersuchen, ein Versprechen zu fordern, dass ich nur mit ihm arbeiten wollte, wenn er sich wirklich einbringt und zwar produktiv, ohne Egoprobleme.

Da war die Milch sauer. Er schrie mich an, beschimpfte mich, wurde knallrot im Gesicht und am Ende knallte er auch die Tür von meinem Büro zu.

Da war Gefahr in Verzug. Ich hatte keine Ahnung, wie ich da wieder rauskomme. Schließlich wollte ich mich nicht darauf einlassen, mit gleichen Mitteln zurückzuschreien. Und dann ärgerte ich mich, wurde wütend und dann traurig.

Ich versuchte mich zu erinnern, wann ich ähnliche Gefühle hatte, und ich entdeckte noch am gleichen Abend, dass dieser ansonsten liebenswerte Mensch mich von Anfang an dermaßen an meinen Vater erinnerte.

Hallo Evelyn, da hat dir jemand heftig auf die Seele getreten, dachte ich.

Da gab es ja doch noch Verletzungen, die immer wieder ihren Tribut forderten, um endlich aufgelöst zu werden. Ich wusste von Lehrgängen und meiner Ausbildung, dass eigene Fehlhaltungen solange in deinem Leben auftauchen, bis du sie aufgelöst hast. Immer und immer wieder.

Da hatte er mitten in ein Wespennest gestochen.

Also, am nächsten Tag versuchte ich ein Gespräch mit weiser Voraussicht und auch mit Einsicht. Ich überlegte mir, was ihn wohl dazu gewogen hat, derartig auszuklinken? Welche Knöpfe habe ich denn wohl bei ihm gedruckt? Und welches Programm lief denn bei dem Mann ab?

Gott sei dank war er ein kommunikativer Mensch und wir fanden sehr schnell Zugang zueinander, um diese unangenehme Sache aus der Welt zu schaffen.

Wir besprachen den Vorgang noch mal in aller Ruhe und wir fanden heraus, dass wir uns sehr wohl durch unser Verhalten an Personen erinnert fühlten, die wir zwar liebten, mit denen wir aber einen Konflikt hatten.

Das Ergebnis war, dass ich ihn in all meinem Gehabe und meinem Ausdruck an eine Chefin von ihm erinnerte, die wiederum war sehr ähnlich einer Lehrerin aus seiner Schulzeit. Mit beiden Frauen hatte er immer wieder große Auseinandersetzungen. Er fühlte sich ungerecht behandelt, zurückversetzt, dumm und unverstanden.

Wenn also immer eine Frau mit meinem Auftreten und meinen Eigenschaften in sein Leben trat, dann kam es zu einem Zusammenstoss.

Bei mir war es sehr ähnlich, mich erinnerte er, wie gesagt, an meinen Vater, mit all seinen Facetten. Und spätestens, als er anfing zu schreien, habe ich zu gemacht, mich auf einen erhöhten Podest gesetzt und ihn einfach abblitzen lassen.

Dazu gehört eine Menge Mut, sich das einzugestehen, ohne sich zu rechtfertigen. Auch bei mir lief mein Programm ab und ich bin mal wieder in die Falle gegangen.

Vorab sei gesagt, dieser liebenswerte große Grieche, mit all seinem Auftreten, wurde bis heute einer meiner engsten Freunde und mein Vertrauter.

Denn bei der Aufarbeitung unseres Problems und der Ehrlichkeit zueinander ging es nicht um Recht oder Unrecht. Es ging darum, unsere eigenen Muster durch den Anderen zu erkennen und sie ein für alle mal in die Vergangenheit zu schicken.

Allen voran mussten wir das Risiko eingehen, uns wirklich ehrlich und mit vollstem Vertrauen aufeinander einzulassen.

Die ganze Geschichte haben wir damit verabschiedet, wann immer es noch mal passieren sollte, dass einer dem anderen die Knöpfe drückt, dann sagen wir einen geheimen Satz zur Hilfestellung für den Anderen.

*Mir sagte er – mit freundlichem Gesicht, hallo Evelyn, ich
bin nicht dein Vater.*
*Und ich sagte ihm ebenso, wenn es brannte: **Hallo, ich spiele
mit dir im gleichen Team, wir wollen beide das Gleiche.***

Es hat geholfen!

**Versuche es und entdecke die Störfelder, die dich mit
den Mitmenschen verbinden**.

Eines durfte ich auch herausfinden und habe es von meinen Lehrern bestätigt bekommen. Wenn ein Mensch aus-
rastet, steckt fast immer ein emotionales Problem dahinter,
was mit dir gar nichts zu tun hat. Mach dir das klar und
helfe dir und dem anderen dabei, die Blockaden aufzulösen.

Wenn der Schüler bereit ist kommt der Lehrer…

Eines Tages wurde mir eine Yogalehrerin vorgestellt, eine sehr schlanke hübsche blonde Engländerin, mitte Fünfzig. Wir unterhielten uns sehr angenehm und entdeckten einige Gemeinsamkeiten. Sie erzählte mir auch, dass sie Reiki-Lehrerin sei und Seminare abhielte. Ich habe mich hocherfreut gezeigt, denn ich hatte meine erste Einweihung in Reiki bereits vor 5 Jahren in München bekommen. Danach habe ich es wieder völlig aus den Augen verloren und es nur angewandt, wenn ich mal Kopfschmerzen hatte oder um zur Ruhe zu kommen.

Natürlich meldete ich mich bei ihr zum nächsten Wochenende bei ihrem Weiterbildungskurs an, um dabei sein zu können.

Es war eine wunderschöne Erfahrung, denn diese Frau hatte beide Beine auf dem Boden und nicht wie meine Lehrerin in München, beide Beine im Himmel. Vielleicht war es deshalb damals nicht so an mich herangekommen. Ich fand das ganze drum herum so unpassend und übertrieben, dass ich nicht wirklich bei der Sache war.

Hauptsächlich war ich in München damit beschäftigt, herauszufinden, ob Reiki vielleicht eine Sekte sei. Was natürlich völliger Quatsch ist.

In all meinen Jahren habe ich festgestellt, wir haben immer die Wahl. Ja wirklich, wir können wählen, wer unsere Lehrer sind. Die Lehrer, von denen wir glauben, dass sie nicht gut für uns sind, haben doch zumindest eines an den Tag gebracht - sie sind nicht gut für uns!

Nun, bei Francise in ihrer kleinen Gartenwohnung fühlte ich mich wohl und sehr gut aufgehoben. Sie war kompetent und einfühlsam, uns alles zu vermitteln. Und das Wichtigste dabei war, unsere Wahrnehmung zu schulen. Darauf zu vertrauen, dass unsere innere Stimme uns richtig lenkt. Und darüber hinaus den Mut entwickeln, sich darauf zu verlassen. Denn das Unterbewusstsein hat die Aufgabe, uns zu beschützen und es würde niemals gegen uns entscheiden.

Das ist eine Gesetzmäßigkeit!!

Da war eigentlich mein - Life in Balance Coaching – geboren. Von da an versuchte ich noch viel mehr, Kopf und Herz in Einklang zu bringen.

Diese Erkenntnis sollte mich viele Male begleiten, und ich durfte es auch schon vielen Menschen weitergeben und darauf vertrauen.

Ich lernte in dieser Zeit viel über morphogenetische Felder, über Energien, die einfach um uns herum sind und die wir nutzen können.

Über Gesetzmäßigkeiten, die nicht umzustoßen sind und einfach nicht verletzt werden dürfen. Immer wenn wir aus der Einheit fallen, in die jeder Mensch eingebunden ist, gibt es Komplikationen. Das nennt man dann Ursache und Wirkung.

Es dauerte nicht lange und zu meiner täglichen Arbeit ergab sich ein wunderbarer Kreis von Menschen, der sich einmal in der Woche traf. Wir haben dort die Dinge des Lebens besprochen oder uns gegenseitig stützen können, wenn mal wieder einer von uns aus dem Gleichgewicht gekommen war oder in Schieflage hing.

Ich erarbeitete damals ein Selbstcoachingprogramm, welches wir ständig in unserer Gruppe in die Praxis umsetzen konnten. Es passierten wunderbare Dinge in unserem Kreis, die Menschen konnten ihr Leben besser meistern. Zuerst haben wir dem Stress die rote Karte gegeben und haben ihn auf den Platz verwiesen, wo er hin gehört, nämlich nicht in unsere Köpfe.

Mütter stellten fest, dass sie ihre Kinder besser und liebevoller ertragen konnten und nicht für jedes unaufgeräumte Kinderzimmer oder jeden dicken Fleck in Panik gerieten. Manager lernten, besser die Balance zwischen Job und Familie zu meistern. Familienväter hatten offene Ohren für ihre Kinder.

Es löste sich bei jedem von uns ein Knoten nach dem anderen auf. Wir alle hatten unsere eigenen Päckchen zu tragen, die wir aufschnüren mussten, aber in der Gemeinschaft ging es immer schneller und wir sind nicht so lange im Dunkeln herumgetappt.

Es ist Zeit für Namaste.

Der nächste Stepp in meinem Leben ließ nicht lange auf sich warten und kam in Form eines jungen Mannes in mein Leben. Durch eine Freundin wurde ich gefragt, ob ich nicht eventuell ein Zimmer vermieten könne, an einen sehr netten und fleißigen Inder. Da ich sehr oft auf Seminaren unterwegs war und gleichzeitig meine Tiere versorgt wissen wollte sowie die Blumen im Garten gegossen werden mussten, vereinbarte ich mit ihm ein Arrangement. Bei freier Kost und Logis kann er bei mir einziehen, wenn er diese Arbeiten einbringt. Er ging den ganzen Tag seiner Arbeit nach und entwarf und fertigte Aluminiumfenster.

Über drei Jahre sollte er bei mir im Haus wohnen und er war total fasziniert von meiner Arbeit mit Menschen und den Ernährungsprodukten.

Er wünschte sich so sehr, dass seine Familie in Indien diese Produkte essen könnten. Also begannen wir für die Kinder seiner Familie, Produkte nach Indien zu schicken.

Wir bekamen beeindruckende Rückmeldungen.

Das war der Anfang, ein berufliches Standbein nach Indien zu setzen.

Kurz darauf wurde tatsächlich der indische Markt eröffnet und da ich meinem Mitbewohner versprach, wenn immer dieses wunderbare Produkt nach Indien eingeführt würde, käme ich nach Indien und würde ihm beim Aufbau seines eigenen Geschäftes helfen. Es sollte noch ein Jahr dauern, um nach Indien zu fliegen, denn in dieser Zeit ging auch meine Tätigkeit in Griechenland langsam zu Ende.

Mein damaliger Helfer im Haus und Garten, der bereits schon wieder zurück in seiner Heimat war, freute sich so unglaublich, mich wie versprochen, in Indien zu empfangen.

Ich wurde in Delhi abgeholt und mit dem Zug ging es dann weiter nach Chandighar , ca. 5 Stunden mit der Eisenbahn durch Indiens Norden. Am Bahnsteig angekommen und gerade meine Koffer zusammen sammelnd, traute ich meinen Augen nicht, was ich da sah.

Die gesamte Familie meines indischen Freundes stand am Bahnhof und holte uns ab. Es war eine Großfamilie von ungeheurem Ausmaß. Alle fünf Geschwister mit Ehepartnern und Kindern waren gekommen. Ich war vollkommen eingekreist in diesem bunten aufgeregten Familienclan auf dem Bahnhof.

Ich war überwältigt von soviel Entgegenkommen und Ehre. Die Mama meines Freundes drückte und umarmte mich immer wieder. Sie überhäuften mich mit geheimen Zeichen auf meinem Kopf und meiner Stirn. Und alle, wie sie da waren, konnten nicht aufhören, mich anzufassen. Die Kinder berührten meine Füße, was so viel bedeutet wie, alle Ehrerbietung für die ältere Person.

Zuerst brachten sie mich ins Hotel, ich möge mich mal richtig ausschlafen. Genau danach sehnte ich mich und nach einer ausgiebigen Dusche fiel ich in einen tiefen Schlaf.

Damals wusste ich noch nicht, dass mein Aufenthalt mit Unterbrechungen über 13 Monate dauern sollte.

Indien, was für ein Kontinent, was für ein wunderschönes Land.

Ca. 12 Jahre vorher war ich schon einmal auf einer Geschäftsreise in Delhi gewesen. Und jetzt konnte ich gigantische Unterschiede feststellen.

Alles war noch viel wuseliger, viel mehr Verkehr, und die Mädchen, alle in ihren Saris auf den kleinen frechen Rollern. Sehr oft zu zweit auf einem Gefährt, mit wehenden Stoffbahnen, die sie um den Kopf geschlungen hatten.

Ich glaubte, ich habe noch niemals vorher so schöne Frauen gesehen, die mit märchenhafter Anmut sich in ihren Gewändern bewegten.

Mein indischer Freund hatte, wie gesagt, fünf Schwestern und einen Bruder. Alle baten mich, unbedingt bei ihnen zu Hause, als Gast zu erscheinen. Sie waren so warmherzig und liebenswert. Jeder war glücklich, mich nun endlich kennen zu lernen und mich mal ganz für sich allein zu haben.

Was meinst du, wie neugierig die indischen Frauen sind? Ich habe nie wieder in meinem ganzen Leben so indiskrete Fragen beantworten müssen wie damals. Wir haben viel gelacht und gescherzt, über die verschiedenen Ansichten der indischen und der europäischen Welt.

Ich habe viel gelernt von meinen Mitschwestern, die mir alle gute Lehrer waren und ich, so hoffe ich, eine gute Schülerin.

Und Eines möchte ich vorweg nehmen. Eine Erkenntnis, die ich sehr schnell hatte, ist die: **Was du nicht kennst, vermisst du nicht!!**

Ich glaube fest daran, dass genau diese Formel der Grundstein zum Glücklichsein bei den indischen Frauen ist. Die

Frauen sagten mir, dass sie sehr gesegnet sind, ihren Mann zu haben. Nicht weil sie versorgt sind oder die Familie sie verheiratet hat. Nein, von tiefstem Herzen waren sie glücklich und fühlten sich besonders mit viel Selbstbewusstsein behaftet.

Eines sei deutlich gesagt, ich habe nie mehr so viele Frauen getroffen, die studiert und von der Universität ihren Doktortitel in der Tasche hatten, und daheim waren, um für die Kinder und die Familie zu sorgen.
Und alle waren rundherum zufrieden und vollkommen in ihrem Element.

Ich muss wohl nicht erzählen, dass ich durch die Aufnahme ihres Bruders und Sohnes bei mir in Griechenland, einen großen Bonus hatte.
Es war sehr interessant zu sehen, dass in diesem Land der Geschäftsaufbau wieder ganz anders funktionierte, wie in den anderen Ländern. Hier kümmerten sich die Frauen ausschließlich um das Produkt und seine Anwendung sowie die Ergebnisse, und die Männer fanden großes Gefallen am Marketing und am Verkauf. Somit arbeitete ich immer mit zwei Gruppen. Und eines Tages fand ich heraus, dass es auch nicht anders ist, als bei uns. Die Frauen verwalteten das Geld. Ja, genau so war es. Es gab Clubs von Frauen, die sich trafen und sich gegenseitig Geld liehen. Es wurde erstmal vorgetragen, wofür das Geld sein sollte und dann wurde demokratisch abgestimmt, wie viel die Antragstellerin bekommt und wie sie es zurückzahlt. Ich war von diesem internen Bankservice begeistert. Das

Gleiche tun die Kinder ebenfalls. Manchmal kann man doch so einiges von anderen Ländern und Kulturen lernen.

Ich lernte ein indisches Ehepaar kennen, die beide Ärzte waren und sich mit ganzheitlichen Lehren befassten. Unter anderen waren sie beide Reikimaster und lehrten es auch, außerdem schrieben sie Bücher. Ein hoch motiviertes, spirituelles Paar, mit ethischen Regeln und enormen Wissen. Ich war überglücklich, als sie mich für meine indische Zeit adoptierten und mir Einblick in ihre Lehren gaben.
Es war so einzigartig und nicht wiederholbar, was ich da jeden Tag lernen durfte. Nochmals bekam ich die Gewissheit, wie alles EINS ist und wie alles in unserem Leben der Veränderung unterworfen ist, wie die Zusammenhänge in unserem Leben ablaufen und wie Energien, ungenutzt von Menschen, einfach an uns vorbeifließen.
Am meisten Eindruck machte auf mich, neben der Ernährung, wozu natürlich ayuvedisches Wasser gehört, die Akupressur und die Atmung.
Es gibt Schulen in Indien, wo jeder Bürger die Akupressur erlernen kann. Regelmäßig angewandt, bringt es alles wieder in Schwung und baut Schlacken ab und lässt Schmerzen verschwinden. Nun, die Zusammenhänge kannte ich schon aus der Elektroakupunktur. Was mich aber faszinierte, war, dass man seine Hände als Instrument immer dabei hatte, genau wie beim Reiki.
Ich lernte die Bedeutung der Finger, lernte Mudras und war hellauf begeistert. Nicht nur, dass alles so fabelhaft ohne Chemie war, sondern dass es sich jeder leisten konnte, es zu erlernen und umzusetzen.

Außerdem erlebte ich, wie die Menschen gesund wurden, wenn die Einheit zwischen Körper und Geist wieder hergestellt war.

An dieser Stelle möchte ich einmal anmerken, dass es für alle alternativen Heilmethoden und Techniken hervorragende Bücher auf dem Markt gibt.
Somit möchte ich das in diesem Buch nicht im Einzelnen erklären und bitte diesbezüglich um Verständnis. Es würde den Rahmen sprengen und dem einen oder anderen gar nicht wichtig sein.

Am Ende meiner Zeit in Indien war es soweit. Ich stand vor der Entscheidung, mich zu fragen, ob ich soweit bin, meinen Meistergrad in Reiki anzunehmen.
Ich fand mich immer noch zu unreif dafür und gab dies auch zu bedenken.
Je mehr ich aufnahm, umso umfangreicher wurde alles um mich herum und ich war auch manchmal ein wenig erstaunt festzustellen, wie die universellen Gesetze ihren Weg gehen.
Meine Mentoren in Indien waren da ganz anderer Meinung und ermutigten mich, mich mit dem Gedanken zu befreunden.
Ich hatte große Angst vor der Verantwortung. Und nach einem wunderschönen Gespräch an einem Sonntagmorgen machten sie mir klar, dass eine Reiki-Meister Einweihung nichts weiter bedeuten würde, als dass ich mit meinem Leben klar komme und der Meister meines Lebens werde, in dem ich über meinem eigenen Leben die Meisterschaft

erringe und danach anderen Menschen Hilfestellung gebe, das Gleiche zu tun.

Nun, davor fühlte ich mich noch weit entfernt. Je mehr ich Einblick in die Dinge und Zusammenhänge des Lebens hatte, um so weniger wusste ich und vieles verwirrte mich auch.

Sie lobten mich, wie gut ich mit Menschen umgehe und wie sehr ich darauf bedacht bin, die Achtung immer vor dem Individuum zu wahren, genau wie zu den Tieren. Sie hatten mich all die Zeit sehr wohl im Auge und meine Handlungsweisen beobachtet. Sie waren der Meinung, dass ich immer etwas besser oder schlechter machen kön-ne, es darum aber überhaupt nicht geht. Es ginge viel mehr um den Aspekt, ob sich meine Aussagen auch mit meinen Handlungen decken. In diesem Punkt waren sie mit mir sehr zufrieden und bestätigten mir, dass ich für eine Euro-päerin pretty authentisch wäre.

Ich konnte mich nicht entschließen und fühlte mich immer noch als Schüler, worauf sie mir beide erwiderten, dass wir alle Lehrer und Schüler zur gleichen Zeit sind.

Für mich war die Zeit noch nicht reif und ich verabschiede-te mich von meinen mir vertrauten Menschen in Indien. Ich wusste ja, dass ich sicher noch einmal kommen würde,um meinen Abschluss zu machen.

Die Zeit war vergangen wie im Fluge. Meine Gastfamilie begleitete mich wieder, unter dicken Tränen auf beiden Seiten, zum Zug und ich fuhr zurück nach Dehli. Selten sind mir so warmherzige und liebevolle, sowie gewaltfreie

Menschen begegnet, wie während meines Aufenthaltes in Indien.

In Athen kam ich erst nach überlangen Zwischenstop an und war total ausgelaugt und müde.

Hier, in meinem Zuhause in Griechenland, wurde in meiner Abwesenheit alles wunderbar in Ordnung und in Schuss gehalten, von einem anderen sehr wichtigen Freund in meinem Leben, den ich zum Bruder adoptierte, da ich ja keinen hatte.

Damals, als ich so überglücklich nach Griechenland ausgewandert war, überlegte ich mir, wem ich eine Freude machen könnte, bei wem ich mich bedanken könnte, für seine Treue, Loyalität und Freundschaft? Da fiel mir ein Mensch ein, der von München nach Hamburg gezogen war und mit dem Gedanken spielte, wieder zurück nach Amerika zu gehen, wo er aufgewachsen war. Ich rief ihn einfach an und lud ihn ein, einen Sommer in Griechenland zu verbringen mir ein wenig zu helfen und im Haus zu sein, wenn ich auf Reisen bin. Nachdem mein indischer Mitbewohner nach Indien zurückgegangen war, war diese Option bei mir offen.

Ich wollte von meinem Adoptivbruder keine sofortige Antwort haben und bat ihn, es sich gut zu überlegen. Nun, er kam, für 3 Monate und blieb am Ende drei Jahre. Zuletzt hatte er seine eigene Wohnung und wohnte nur in meinem Haus, wenn ich auf Reisen war.

Auch in der gesamten Zeit meines Indienaufenthaltes kümmerte er sich, völlig auf sich allein gestellt, ganz toll um alle anfallenden Dinge und natürlich um meinen bereits angewachsenen kleinen Haustierzoo.

Es waren jetzt bereits drei Hunde und drei Katzen. Es war einfach schön mit anzusehen, wie alle miteinander auskamen und um die Wette schmusten.

In unserem kleinen Garten fanden sich sogar auch noch ein paar Landschildkröten ein, die regelmäßig zum selbstgebauten Teich marschierten.

Alles ist im Wandel

Ich hatte mich gerade wieder akklimatisiert und wollte vier Wochen Urlaub am Meer machen, von dem ich ja gerade mal ein paar Schritte entfernt wohnte, da rief mein Sohn an, der mit seiner Familie nach Spanien ausgewandert war. Geschäfte hatten seinen Weg dort hingeführt.

Er fragte mich, ob ich denn nicht langsam die Nase voll hätte, vom ewigen Gypsy-Leben?

Ich war verwundert, dass er mich das fragte, denn auch er liebte ferne Länder, arbeitet im Ausland und spricht vier Sprachen fließend.

Nun, er redete mir ins Gewissen, dass ich meine Enkelkinder niemals aufwachsen sehen würde, wenn ich sie nur einmal im Jahr besuchen würde. Weiter fragte er, ob ich denn nicht Lust hätte, nach Spanien zu kommen.

Mir gefiel die Idee sehr, denn meine kleine Familie hatte ich zwar auf einem Foto immer mit dabei, aber das war einfach nicht genug.

Da sind meine süßen Enkelkinder, ein Mädchen und ein Junge, die sich sehr freuten, dass ich kommen sollte. Wir haben immer viel Spaß zusammen, denn bei mir dürfen sie einfach spielen, alles ausprobieren und rumalbern. Es ist ein herrliches Gefühl, die nächste Generation aufwachsen zu sehen. Schon wegen der Kinder, die ich sehr liebe, bin ich froh, den Entschluss getroffen zu haben, nach Spanien auszuwandern.

Ich besorgte mir ein Ticket und flog in dieses Land, um mich mal unter dem Gesichtspunkt, dort zu leben, umzuschauen.

Meine Familie lebte auf einer kleinen Ferieninsel, namens Menorca, die wunderschön und sehr romantisch ist, doch um dort zu leben empfand ich sie nach Städten wie Delhi oder Athen einfach zu eng.

Ich startete einen neuen Versuch und besichtigte Mallorca. Diese Insel, wo es angeblich nur die Ballermänner gibt, und ansonsten die Deutschen mit kurzen Hosen und weißen Socken und Sandalen herumlaufen und eimerweise Sangria trinken.

Durch die amerikanische Firma hatte ich vor Jahren ein sehr nettes Paar kennen gelernt. Sie waren schon vor einiger Zeit auf die Insel ausgewandert und lebten mit ihren Töchtern am Fuße des Tramuntana Gebirges, fern ab von jeglichem Tourismus.

Ich besuchte sie und mietete bei ihnen ein Appartement und fing an, nach einer Bleibe für mich und meinen Minizoo zu suchen.

Jeder riet mir ab, im August irgendetwas zu regeln auf Mallorca, weil niemand anzutreffen wäre. Ich hatte Glück und konnte ein kleines Stadthaus finden und unterschrieb einen Mietvertrag.

Wie ihr wisst, hatte ich ja gelernt, wie ich Dinge in mein Leben ziehen kann!!

Ich hatte Herzklopfen dabei, als die Entscheidung fiel und der Mietvertrag unterschrieben werden sollte. Daran erinnere ich mich noch genau.

Hola, wieder ein neuer Anfang? Soll ich es wirklich wagen, ja zu sagen?

In Anbetracht, in der Nähe meiner Familie zu sein, und sie zu sehen, wann immer ich es wollte, wurde mir die Entscheidung leicht gemacht.

Doch Griechenland zu verlassen fiel mir so unendlich schwer, dass ich selbst heute nach sieben Jahren immer noch schwermütig werden könnte, wenn ich an dieses herrliche Land denke.

Irgendwie habe ich zu diesem Zeitpunkt mein Herz dort gelassen. Jemand hat mal zu mir gesagt, Griechenland liebt man oder man lehnt es ab, ein Mittelding gäbe es nicht. Er hatte wohl Recht.

Nachdem auf Mallorca alles klar war, flog ich zurück nach Athen und packte für eine letzte Reise meine Koffer noch einmal für Indien. Es sollte eine Komplettierung werden und ich hatte auch noch einige Gruppen dort zu betreuen.

Ich blieb zwei Monate in Indien und besuchte noch mal all die Menschen, die ich bei meinem vorherigen Aufenthalt kennen gelernt hatte.

Diesmal durfte ich sogar auf einer Hochzeit dabei sein und ich war die einzigste Europäerin in dieser Gesellschaft. Es war ein unglaublich schöner Eindruck, allen Hochzeitszeremonien beizuwohnen und ich war zutiefst dankbar, das miterleben zu dürfen.

Allein die Farben der Saris der Frauen ließen einem das Herz höher schlagen. Die Stimmung war nach dem offiziellen Teil so fröhlich und ausgelassen, dass es mich an spielende Kinder erinnerte. Diese Leichtigkeit des Seins, wie es sich mir zeigte, steckte so sehr an, dass ich am Ende einfach mitgerissen wurde, im Strudel der Musik, der Gefühle und dem exzellenten Essen.

Diese indische Welt, dieses große Land. Ich konnte mich davon überzeugen, wie lange man unterwegs ist, um ein paar Kilometer zu fahren. Alles hat große Ausmaße und fast jedes Treffen wird zu einer Reise von Stunden.

Ich besuchte den gesamten Norden Indiens mit seinen Bergen und Wäldern, durchquerte die Wüste nach Rajasthan und besichtigte die Paläste der damaligen Dynastien. Einige Paläste wurden zu First Class Hotels umfunktioniert, deren Luxus unbeschreiblich ist. Sicherlich wird mich mein Weg später auch noch einmal nach Indien führen.

Schon immer wollte ich zu einer der Palmblattbibliotheken, die das geheime Wissen aufbewahren, ob es um das Weltgeschehen geht oder um einzelne Lebensschicksale. Schon allein das rechtfertigt doch einen neuen Aufenthalt in diesem fantastischen Kontinent.

Die Spiritualität der Inder, trotz des Fortschritts und der Computerbranche, hielten mich immer wieder gefangen. Oft durfte ich einige Freunde in ihren Tempel begleiten und erfahren, wie ausgeglichen sie nach einer stillen Meditation waren.

Am Ende meiner Reise überraschte man mich mit einem Termin bei einem ganz alten, weisen Sadu, der in einer Art Kloster lebte, welches in der Nähe eines wunderschönen Tempels stand.

Meine begleitenden Damen erzählten mir unter großem Gekicher, dass dieser weise Mann sich seit vielen Jahren mit der Nummerologie beschäftigte und mir mein Horoskop berechnen wolle.

Nun, ich war sehr überrascht und es stellte sich heraus, dass der kleine zahnlose Mann, der ständig freundlich lachte, meine Daten ganz minutiös auflistete und mir nach einiger Zeit so allerhand aus meiner Vergangenheit sagen konnte, was mich wirklich überraschte.

Alles was er sagte, wurde in Sanskrit vorgetragen, in einer singenden Stimme, und eine meiner Begleiterin, die ich nicht besonders gut kannte, übersetzte ins Englische. Ich erfuhr meine Lebenszahl und vieles mehr.

Er sagte als allererstes zu mir, dass ich heilende Hände hätte und unbedingt mit meinen Händen arbeiten sollte, wenn ich es nicht bereits schön täte.

Weiterhin erzählte er mir Dinge aus meiner Kindheit, die ich niemals jemanden in Indien erzählt habe. Es wurde immer aufregender. Er sagte mir auch, dass ich meine große Liebe verloren hätte, durch einen plötzlichen Tod.

Er beschrieb mein Leben etwa so, dass Menschen in mein Leben kämen, deren Motor stottert und wenn sie wieder rund laufen, dann würden sie gehen. Auch seine Vergleiche fand ich sehr amüsant.

Es waren viele verblüffende Aussagen und auch einiges zur Zukunft. Zum Beispiel sagte er, dass in meinem Leben in Kürze eine Familien-Zusammenführung stattfände. Ich würde mitten im Meer leben, und dabei lachte er schallend und ich auch. Er sagte tatsächlich im Meer.

Ungefähr eine Stunde blieb ich dort bei ihm auf dem Boden sitzen und wir beendeten die Session mit einem Mantra, das er sang. Wir saßen einige Minuten in der Stille im Schneidersitz, wie ich meistens gerne sitze.

Dabei brannten in einer Schale kleine Stäbchen aus Holz, die einen wohltuenden Geruch von sich gaben, an den ich mich heute noch genau erinnere.

Er sagte mir zum Schluss, ganz erstaunt über sich selbst, er wünsche mir einen glücklichen Neuanfang. Und er lachte und hielt meine Hand und ich sah in seine lachenden Augen, du wirst noch mal heiraten und deine wirkliche Liebe wartet schon auf dich. Du wirst sehen, glaube mir. Und mit diesen Worten verschwand er.

Ich hinterließ eine Spende für den Tempel, wie es üblich ist und ging mit gutem Gefühl aus dem Raum.

Nun stand noch ein Besuch zur Verabschiedung meines Mentor-Ehepaares an. Meine Lehrer erwarteten mich bereits in ihrem Haus

Ich besuchte sie ein letztes Mal und mit diesem letzten Besuch empfing ich von ihnen den dritten Grad, den Meistergrad im Reiki. Sie hatten einen Raum wunderschön mit Blumen und Kerzen geschmückt und ich war ganz gerührt von der feierlichen Stimmung dieser Zeremonie.

In Gedanken verneigte ich mich immer wieder vor diesen edlen und selbstlosen Menschen. Ein Paar, so einheitlich aufeinander abgestimmt und ergänzend, mein geliebtes ‚Ying und Yang' - Paar, wie ich sie liebevoll nenne.

Noch einmal bekam ich die fünf wichtigsten Reiki-Lebensregeln ans Herz gelegt und musste sie feierlich versprechen.

1. gerade heute sei nicht ärgerlich
2. gerade heute sorge dich nicht
3. ehre deine Lehrer, Eltern und die Älteren
4. verdiene dein Brot ehrlich
5. sei dankbar gegenüber allem was lebt

Dr. Mikao Usui
Jeden Tag sollte ich nach diesen Regeln leben und ein Jahr später schickten sie mir dann meine Urkunde zum Reiki-Meister. Ich stand mit ihnen im regen Austausch und bekam meine Fragen alle beantwortet.

Reiki ist eine Wiederentdeckung aus der jahrtausendealten Tradition des natürlichen Heilens. Reiki ist die Kraft und die Grundlage allen Lebens. Reiki ist eigentlich das japanische Wort für Lebensenergie. Mit dieser Kraft zu arbeiten, ist mehr als sich der Mensch zwischen Himmel und Erde träumen lässt.
Reiki ist nicht schwer zu erlernen und es ist einfacher als alle anderen komplizierten Behandlungsmethoden.
Als eine der schönsten Erfahrungen kann ich Reiki wohl nennen. Besonders, wenn man sich als Empfangender zur Verfügung stellt und spüren kann, wie die Lebensenergie durch einen durchfließt. Ebenso ist es wunderbar ein Gebender zu sein und eine Reikisession mit jemand abzuhalten. Denke aber nicht, dass ich als der Gebende meine eigene Energie abgebe und damit geschwächt werde. Nein, zur gleichen Zeit läuft die Reikienergie auch durch mich hindurch und der Gebende ist nichts weiter als ein Kanal für den Anderen, dessen Energie ins Stocken geraten ist.

Vielleicht kann ich es so erklären, dass die Schwingung bei einem gesunden Menschen einfach total in Takt ist und sich deshalb auf einer harmonischen, energetisch höheren Schwingungsebene befindet. Probiere es aus und du wirst deine eigene Erfahrung mit Reiki machen.

Es hat etwas mit der Resonanz zu tun. Die niedrige Energie passt sich der höheren Schwingung an. Somit kommt der Empfangende wieder auf ein höheres Schwingungsniveau und ein angenehmes Wohlbefinden.

Ich würde, wenn ich mich nicht wohl fühle, niemandem Reiki anbieten, sondern dann eher um eine Behandlung bitten.

Man kann sicherlich spüren, dass Reiki eine wunderbare Energie ist, die sich nach ganz kurzer Zeit einstellt und durch deinen Körper fließt.

Die Harmonie, die entsteht, könnte man auch mit einem chinesischen Sinnspruch beschreiben.

Der Geist, der allen Dingen Leben verleiht, ist die Liebe.
Tschu Hsi

Wieder eine neue Herausforderung!

Ein Zentrum für ganzheitliches Leben wollte ich gründen.

Wieder in Griechenland eingeflogen, begann ich sofort mit der Packerei für meinen Umzug nach Mallorca. All die Vorbereitungen, die nötig sind, mal wieder die Zelte abzubrechen, um in ein neues, mir noch fremdes Land zu ziehen, nahmen mich voll in Anspruch.

Der Umzug war eine richtige Herausforderung und Dank meines Sohnes und meines Adoptivbruders klappte alles hervorragend und auch der kleine Zoo kam selbstverständlich mit. Es war schon eine ausgefeilte Logistik, die wir anwenden mussten, damit alles ohne Komplikationen klappte. Allerdings würde ich keinen Hund mehr in eine Transportkiste packen. Der Stress, dem die Tiere beim Fliegen ausgesetzt sind, ist riesengroß.

Auf Mallorca wollte ich nun mein gesamtes Wissen einbringen und eine liebevolle Therapeutin und spirituelle Lehrerin sein. Für all die Menschen, die in ihrem Leben etwas ändern wollen, für die großen und kleinen Kinder, deren Emotionen eingefroren sind und die dringend Hilfe brauchen, um sich zu befreien. Für all die Paare, die sich anschreien und nicht mehr lieben. Für die Männer und Frauen, die den Fehler begehen, vom Partner erwarten, ihr eigenes Defizit aufzufüllen und damit ihren Partner nur belasten

Es gab genug zu tun. Wenn ich hinsah und richtig hinhörte, konnte ich die Schmerzen erkennen, mit denen sich die geschundene Seele peinigt. Dem Druck, dem heute jeder ausgesetzt ist und keine Ruhe findet, vor dem alltäglichen Stress. Die Ängste, mit denen wir leben, ob selbstgemacht oder immer wiederkehrend. All dieser Druck, die Glaubenssätze, die wir in uns tragen und jeden Tag ausleben, Krankheiten, die wir unterdrücken und nicht wahrnehmen wollen, weil Tabletten nehmen ja erstmal einfacher ist.

Wir müssen ja funktionieren, in dieser Welt. All diesen Druck jeden Tag aushalten, denn es könnte ja schon für Jeden von uns Ersatz da sein. Oder auch die Angst und der Glaubenssatz, den viele meiner Klienten haben, und auch ich hatte diesen Glaubenssatz sehr lange, der da heißt: **Ich bin nicht gut genug**!

Wir verbiegen uns für Dinge, für Anschaffungen, für unsere Lieben und vergessen uns selbst total dabei. Wir übergehen uns einfach.

Wir wollen sozial sein. Das sollten wir und menschlich sein natürlich auch. Aber wie kann ich denn sozial zu anderen sein, wenn ich es zu mir selbst überhaupt nicht bin?

Wie kann ich anderen helfen, wenn ich gerade mal mit letzter Kraft um die Ecken komme? Die Sorge um uns selbst ist nicht zu verwechseln mit Egoismus. Die Sorge um unser eigenes Wohlbefinden bringt uns zuerst mal mit uns selbst in Verbindung und sorgt dafür, dass wir über uns nachdenken.

Wir müssen lernen, in der eigenen Verantwortung zu leben und wirklich auch liebevoll mit uns selbst umzugehen.

Manche Menschen gehen mit sich selbst so schlecht um, wie sie niemals mit ihrem Auto umgehen würden.

Es gehört Mut dazu, mal zu überlegen, was eigentlich in meinem Leben nicht funktioniert. Wo kann ich einen Ansatz finden?

Zuerst würde ich es immer mal allein versuchen.

Mache Dir eine Liste mit all den Dingen, die deiner Meinung nach nicht funktionieren. Egal wie lang die Liste ist, schreibe alles auf.

Alles was dich nervt, alles was dich ärgert, alles was dich traurig macht, alles was dich ängstigt, alles was dich wütend macht, alles wo du denkst, da kannst du selbst gar nichts ändern…usw.

Nun schaue dir deine Liste an. Nimm dir das Leichteste zu erst vor. Überlege, wenn du selbst dein bester Freund wärest und er hätte dieses Problem, was würdest du ihm raten zu tun?

Beginne eine Sache nach der anderen aus der Welt zu schaffen, oder sie zu mindest erträglich zu machen.

Dann schreibe eine zweite Liste. Eine Liste mit allen Bedürfnissen, die du hast. Das wird die Liste sein, die dich am längsten Zeit kostet.

Weißt du warum?

Wir kennen unsere wirklichen Bedürfnisse fast gar nicht mehr. Wir haben sie längst begraben, irgendwo sind sie auf der Strecke geblieben. Schon vor langer Zeit.

Aber da wir anfangen sollten, uns ganzheitlich zu betrachten, gibt es nun mal den Körper, den Geist und die Seele.

So, was tust du für deinen Körper jeden Tag?
Was tust du für deinen Geist jeden Tag?
Und was tust du für deine Seele jeden Tag?

Wenn du Körper, Geist und Seele jeweils ein Drittel deiner Aufmerksamkeit schenkst und nichts vernachlässigst, wird das der erste Schritt zu einem glücklichen und friedvolleren Leben sein.

Einer meiner Lehrer, Dr. Dietrich Klinghardt, sagte: „Alle Erkrankungen körperlicher und seelischer Art sind prinzipiell heilbar. Der Schlüssel dafür und die Verantwortung für den Heilvorgang liegen im Unterbewussten des Menschen."
Er war es auch, der mir die Türe in meinem Bewusstsein öffnete, bei meiner Arbeit noch mehr auf die Emotionen des Menschen einzugehen. Das Unterbewusstsein ist wie eine Datenbank und hält alles fest, was je in unserem Leben geschehen ist. Wir geben der Angelegenheit die Bedeutung durch unsere Wahrnehmung und Empfindung. Das Unterbewusstsein ist eine sehr komplexe, eigenständige, funktionierende Kraftzentrale. Sie kontrolliert auch unsere Atmung, den Herzschlag, die Verdauung, sowie die Erinnerung aller Ereignisse in unserem Leben von Kindheit an.

Deshalb ist es auch wichtig, bei ernsten, psychosomatischen Störungen, sich einen guten Therapeuten zu suchen. Einen Menschen, der liebevoll und mit Einfühlungsvermögen dich dort abholt, wo du gerade stehst.

Was auch immer wir erlebt haben, das Unterbewusstsein speichert alles und kann nicht unterscheiden, ob es gerade Realität ist oder nur gespeichert ist. Also wenn du Angst vor Schlangen hast, dann hast du das in deinem Unterbewusstsein abgespeichert. Es reicht zum Beispiel schon, an eine Schlange zu denken und sie sich mit ihren Giftzähnen vorzustellen, und du bekommst wieder dieses ungute Gefühl in der Magengrube.

Probiere es, nehme ein eigenes Thema auf, du wirst erkennen, dass bei gespeicherten Erinnerungen es völlig reicht, sich ein Bild davon anzuschauen oder es sich vorzustellen, um die Emotionen auszulösen

Es ist ein Segen zu wissen, dass man derartige Blockaden und Ängste behandeln kann, und es gibt heute in der Welt ein therapeutisches Konzept, welches erlernbar ist und man kann es auch mit einem Therapeuten durcharbeiten. Es ist eine völlig schmerzfreie und wirksame Methode, die sich ausschließlich an unser Unterbewusstsein richtet und unsere eventuellen negativen Glaubensmuster auflöst.

Diese, für mich rettende Hilfe für die Menschheit, nennt sich Emotionale Frieden Technik, auch EFT genannt. Man verbindet und benutzt bestimmte Akupunkturpunkte zur Auflösung emotionaler Belastungen.

EFT ist eine erprobte therapeutische Technik, bei der Ängste, wie zum Beispiel Höhenangst, Flugangst, Liebeskummer, Prüfungsangst, Versagensangst, Lampenfieber, Existenzangst, Schlafstörungen, Schuldgefühle, Wut, Trauer,

Schuld, Ärger sowie Stress und vieles mehr wirksam und dauerhaft aufgelöst werden können.

Auch den Schmerzen wird auf den Leib gerückt und sie können, nach erkennen des Ursprungs, sehr oft und auch schnell verschwinden. Ich habe das nicht nur einmal erlebt, dass Menschen bei mir waren und über Schmerzen klagten und wir den Schmerz einfach gemeinsam aufgelöst haben. Es hat funktioniert und ich habe immer anschließend ein verblüfftes Gesicht gesehen.

Die Kernaussage ist: **Die Ursache von allen emotionalen Belastungen ist eine Blockade im Energiesystem des Körpers. Wird die Blockade aufgelöst, verschwindet die Belastung.**

Es vergeht kein Termin mit meinen Klienten, bei dem ich darauf verzichten könnte, diese Technik anzuwenden. Es ist die Krönung meiner Lehrjahre und ich bin dankbar darüber, es den Menschen weitergeben zu können.

Die Palette ist so vielfältig, dass es nicht möglich ist, hier alle Beispiele aufzuführen.

Es besteht die Möglichkeit, einen Grundkurs in EFT bei uns zu belegen. Danach bist du in der Lage, dir selbst ganz schnell zu helfen. Oder willst du solange warten, bis sich alles in deinem Gemüt festsetzt???

Auch ich habe jeden Tag so meine kleinen Alltagsbeschwerden, ob mit mir selbst oder mit meinen Mitmenschen. Die nehme ich sofort in Angriff und befreie mich davon.

Emotionaler Frieden

Es ist ein sehr heißer Sommer dieses Jahr und ich sitze im Haus, um zu schreiben. Wie gut, dass es eine Siesta gibt und die Menschen sich in der heißesten Zeit des Tages zur Ruhe begeben können. Eine wunderbare Einrichtung, die den Tag dadurch automatisch viel länger werden lässt. Das Leben in Spanien zieht sich bis in die Nacht hinein. Meistens verbringe ich die Nachtstunden damit, meine Aufzeichnungen zu schreiben, weil es so herrlich ruhig und kühl ist, niemand ruft an und ich kann meinen Gedanken freien Lauf lassen.

Wie viele Irrwege müssen wir Menschen doch gehen, bis wir das Wirrwarr des Lebens mit all seinen Farben, Verführungen und Gelegenheiten beim Schopfe packen und es wirklich vollkommen im HIER und HEUTE leben?

Irgendwo habe ich mal einen lockeren Spruch gelesen, den jemand auf sein Auto geklebt hatte.
--- Ganz entspannt im HIER und JETZT ist besser als total verkrampft im WENN und ABER ----

Gerade habe ich mit meiner Mutter telefoniert, um zu erfahren, wie es ihr geht. Ich wünsche ihr so sehr von Herzen, dass sie die verleibende Zeit gut nutzt und keine Zeit vergeudet, mit Dingen, die nicht wichtig sind für ihr Leben. Sie hat das ganz große Glück, mit der großen Liebe ihres Lebens nun schon über 20 Jahre zusammen zu leben. Die beiden Menschen sind eine gesunde Mischung aus stillem Einvernehmen, Liebe, Verständnis und Treue.

Diese Beziehung und diese Lebensgemeinschaft soll meine Mutter für alles vollkommen entschädigen, was sie mit ihrem ersten Ehemann erlebt hat.

Man kann wirklich behaupten, dass diese beiden Menschen sich umeinander kümmern, sich respektieren und auch noch heute voll mit dem Tagesgeschehen verbunden sind.

Sie lassen sich wirklich aufeinander ein und genießen jede Minute des Zusammenseins.

So lange man im Kopf klar bleibt und auch dafür sorgt, dass es so bleibt, kann man jeden Tag die Wahl treffen, wieder glücklich und zufrieden zu sein, mit allem was ist.

Jetzt kann man spätestens Frieden machen, mit allen Unzulänglichkeiten, Widrigkeiten, Verletzungen, Denunzierungen und politischen Verfolgungen.

Meine Großmutter Alice, die Mutter meiner Mutter, hatte ihr Leben nicht mehr ertragen, damals im verrückten 2. Weltkrieg. Aus ihrer (später geschiedenen) Ehe mit einem so genannten Arier gingen zwei Kinder hervor, meine Mutter und ihr Bruder. Alice nahm sich das Leben, als sie erfuhr, dass sie wohl auch auf der Liste stand, um in den nächsten Tagen abtransportiert zu werden.

Nun, in jüdischen Kreisen wusste man sehr genau, wohin die Menschen gebracht wurden. Sie konnte es nicht ertragen, diesen Weg zu gehen. Ihre Kinder, bereits 14 und 18 Jahre alt, verbrachten gerade eine Zeit bei ihrem Vater, der in der damaligen Hauptstadt von Deutschland lebte.

Ich muss wohl nicht erwähnen, wie groß der Schock meiner Mutter war, als junges Mädchen, in all den Kriegswirren der Bombardierung Kölns, auch noch den Verlust der Mutter erleiden zu müssen. Niemals hat sie sich davon erholt und es leider auch nie wirklich verarbeitet. Bis heute sitzt der Schmerz so tief.

Wir haben schon gemeinsam einige Sitzungen abgehalten, um es ein wenig leichter zu machen. Da ist immer noch soviel Trauer und Mitgefühl, Unverständnis und auch Wut, allein zurück geblieben zu sein. Traumata eines solchen Ausmaßes müssen unbedingt in professionelle Hände gelegt werden und sollten nicht nur mit Medikamenten behandelt werden. Leider ist das heutzutage oft der Fall, dass man den Patienten damit total in die Unmündigkeit schickt.

Heute weiß ich, wie schwer es ist, als Kind für die Mutter die beste Freundin sein zu wollen. Es ist einfach unmöglich und ein hoffnungsloser Fall aus der Sicht des Kindes, die Mutter zu schützen und zu stützen.

Ein Kind, egal in welchem Alter, ist immer damit überfordert, die Dinge im Leben der Mutter zu verstehen. Ich habe mir große Mühe gegeben, hatte aber immer das Gefühl, was immer ich auch getan habe, es war niemals genug.

Heute haben wir einige Ansätze gefunden und ich kann Abläufe besser einordnen und ihr auch Hilfe bieten. Doch, du weißt ja, wie so oft, gilt der Prophet im eigenen Land gar nichts. Viele Male hat sie mitgemacht und war auch ganz erstaunt darüber, wie sehr all die traurigen Erlebnisse ihr Leben überschattet haben. Wo Lebenssinn und Lebensqualität den Tränen den Platz streitig machen, hat sich jedes Gespräch und jede neue Sichtweise gelohnt. Es ist niemals zu spät, einen Neuanfang zu starten, egal in welchem Alter. Meine Mama hat es geschafft, in ihrem reifen Alter von 83 Jahren endlich loszulassen, von allen belastenden Ereignissen ihres Lebens und findet heute, dass sie sehr viel Glück gehabt hat im Leben und ist dankbar für die Zeit, die ihr noch bleibt und die sie sinnvoll nutzen möchte.

Trotz der großen Entfernung lieben wir uns und haben ein herzliches und liebevolles Verständnis zueinander. Wir telefonieren sehr oft und sind uns mit großer Liebe zugetan.

Mit einem Telefonanruf überbrückt man tausende von Kilometern und ich empfinde diese Einrichtung als wirklichen Schmerzstiller, wenn ich mal große Sehnsucht habe und umgekehrt geht es meiner Mutter ebenso.

Als ich ihr erzählte, dass ich an einem kleinen Büchlein schreibe, um meinen Freunden und Klienten ein wenig von meinem Leben zu erzählen und die Zusammenhänge des Lebens, an Hand unserer Geschichte, ein wenig näher zu bringen, erzählte sie mir, dass sie auch gerne nachts in aller Ruhe Dinge aufzeichnet und sich einfach vieles von der Seele schreibt.

Mit meiner Mutter verbinden mich so viele Gemeinsamkeiten, die uns im Nachhinein auffallen, wenn wir davon sprechen. Es ist teilweise zum kaputt lachen, ob wir unabhängig, tausende von Kilometern entfernt, gerade die gleichen Dinge tun, oder in der selben Farbe einen Pullover gekauft haben, oder bei einer Unverträglichkeit sich die gleichen Symptome zeigen.

Ja die Gene, oder viel besser formuliert da der Volksmund: Der Apfel fällt nicht weit vom Stamm.

Ich wünsche mir noch viele glückliche und zufriedene Jahre für meine Mutter und hoffe, dass sie auch in der Lage sein wird, hier auf Mallorca, sich von mir verwöhnen zu lassen. Ich bin zuversichtlich, dass es möglich sein wird, ihr hier auf der Insel noch viele Sonnenuntergänge zu zeigen, die sie so liebt.

Wichtig für jeden von uns ist, dass er lernt, mit der Vergangenheit abzuschließen, sie zu komplettieren und dann dorthin zu packen, wohin sie wirklich gehört, nämlich in die Vergangenheit.

Wir brauchen Platz im HEUTE und können nicht zulassen, dass wir den ganzen Platz vom HEUTE einnehmen, um uns in der Vergangenheit aufzuhalten. Genauso verhält es sich mit der Zukunft. Die meisten Menschen verbringen ihre Tage damit, in der Angst um die Zukunft zu leben, in der Sorge, was sein wird, ob das Geld reicht, ob der Job noch bleibt, ob der Partner uns verlässt, ob wir gesund sein werden und ob es dann noch eine Krankenkasse gibt, die alles bezahlt.

Es gibt eine einfache Formel.

Gib jeden Tag dein Bestes, dann brauchen wir uns auch um die Zukunft keine Sorgen zu machen. Denke daran, ein Drittel Körper – ein Drittel Geist - ein Drittel Seele.

Kümmere dich hundert Prozent darum und nutze deine Energie ausschließlich für das HEUTE. Du wirst sehen, es funktioniert und das Universum wird immer für dich sorgen, denn du bist ein Kind Gottes und bist EINS mit allem was ist.

Also, der große Plan ist so perfekt, dass wir dumm wären, nicht daran teil zu haben.

Damals - vergiss das Wort!!

Damals - ist es noch wichtig?? Ich meine wirklich lebenswichtig??? Dann verarbeite es, endlich, jetzt nimm dir Zeit dazu.

Also, bevor du dich lange weiter verrückt machst, leidest oder alles unter den Teppich kehrst, raffe dich auf und nimm dein Schicksal selbst in die Hand und lasse dich nicht mehr leben, durch vergangene Ereignisse, die dich immer noch belasten.

An mir habe ich erfahren, dass Heilung immer mit mir selbst beginnt. Außerdem konnte ich feststellen, dass viele körperliche Verletzungen erst wirklich gehen und ausheilen konnten, wenn das tiefere, seelische Thema aufgearbeitet war.

Wir sind voll mit Kindheitserinnerungen von Situationen, die unsere Eltern für uns kreiert haben und aus ihrer Sicht für gut befunden haben.

Heute, Jahre später, aus der Sicht des Erwachsenen, sollten wir eigentlich selbst bestimmen, ob so manche Lebensregel für unser jetziges Leben noch Gültigkeit hat.

Ein kluger Mensch sagte mal:

Ein Drittel des Lebens leben wir das Leben unserer Eltern, ein zweites Drittel leben wir nicht so wie unsere Eltern - und das letzte Drittel sollten wir eigentlich unser Leben leben, so wie wir es möchten.
Wohl dem, der es liebevoll in sich aufnimmt.

Ich lade dich wirklich herzlich ein, dich um dein Wohlbefinden zu kümmern und zwar ab HEUTE, nicht ab MORGEN. Beginne dich selbst zu lieben und eines brauchen wir doch wirklich im Leben, in dieser hektischen verrückten Zeit.

–Emotionalen Frieden-

Ich versichere dir, ich habe es am eigenen Leib und Seele erfahren, wie es sich anfühlt, ein Leben wieder in der Einheit mit sich selbst zu führen. Ein Leben mit emotionalem Frieden ersetzt einfach alles und ist das höchste Gut, dass wir Menschen anstreben sollten. Ich denke auch ernsthaft, dass Glück, Gesundheit und Zufriedenheit unser Geburtsrecht sind. Wir müssen uns nur daran erinnern, wie sich der Körper anfühlt, vollkommen gesund und fit. Wirklich, nichts weiter als erinnern müssen wir uns daran.

Stell dir einfach vor, wie du dich gefühlt hast, als es dir so richtig gut ging und du voller Lebensfreude morgens aus dem Haus gegangen bist. Als du dachtest, du könntest die Welt einreißen, mit all deinen Ideen und deiner Energie. Erinnere dich!

Im Partner begegnest du dir selbst

Auch in meinem Leben taten sich viele neue Möglichkeiten auf, hier auf Mallorca, ein friedvolles und ausgeglichenes Leben zu führen.
Natürlich fehlte mir auch nach all den Jahren des Lernens und Arbeitens ein liebevoller Partner an meiner Seite.

Das Schöne war, nach meiner langen Aus-Zeit konnte ich mir ganz genaue Vorstellungen machen, welche Charaktereigenschaften mein Lebenspartner haben sollte, der mir ja von diesem indischen Mönch vorausgesagt worden war.
Ich fing an, mich wieder zu öffnen, Einladungen anzunehmen, Freunde zu treffen, Einladungen auszusprechen und es dauerte tatsächlich nicht lange, da fand er mich oder ich ihn. Wir sind uns da immer noch nicht einig.
Er sagt, er hätte ein Signal ausgesandt und ich hätte es empfangen. Nun auch das kann möglich sein. Alles ist möglich, das wissen wir ja jetzt.

Ich merkte sofort, dass ich einem Mann gegenüberstand, der auch eine Menge erlebt und seine Tiefschläge schon einkassiert hatte.
Eigentlich war er zur Sinnfindung nach Mallorca gekommen und besuchte seine Tochter, die hier auf der Insel lebt.
Wir trafen uns, hatten endlose Gespräche, die uns bei langen Spaziergängen weiterhalfen, uns kennen und lieben zu lernen.

Ich war sehr überrascht, einen Mann getroffen zu haben, der sich wirklich viele Gedanken um die Sinnfragen des Lebens machte. Er aß, wie ich, kein Fleisch, lebte eine gesunde Lebensweise, war ungebunden, hatte zwei gescheiterte Beziehungen hinter sich, aus der jeweils ein Mädchen hervor gegangen war. Die jüngste Tochter ist heute 11 Jahre und kommt regelmäßig in den Ferien zu uns.

Weißt du, es gibt gar nicht viel zu erzählen, denn wenn es passt, dann passt es einfach. Wir haben schnell herausgefunden, dass wir gemeinsame Interessen haben und gemeinsame Wege gehen wollen. Auch er liebt, wie ich, die Menschen und die Tiere. Die Letzteren hingen ganz schnell an seinen Fersen und es machte Spaß zuzusehen, wie auch meine tierischen Freunde sich an den neuen Mann im Hause gewöhnt haben.
Ich nenne ihn meinen transformierten Mann und es breitet sich, wenn ich an ihn denke, ein unglaublich warmes und liebevolles Gefühl in mir aus.

Ja, wir haben auch gemeinsame Pläne geschmiedet. Eines Tages beschlossen wir, so etwas wie ein „Haus des Lebens", aus der Taufe zu heben. Wir haben die Räumlichkeiten dafür, ein Anwesen mit herrlichen, romantischen Plätzen, einen Garten mit Palmen und Olivenbäumen. Es ist wie für unsere gemeinsame Arbeit geschaffen.

Wir laden bis heute Leute zu uns ein, wenn sie Hilfe brauchen, hier in der Ruhe, ohne Ablenkungen auszuspannen, zu entrümpeln und unser ‚Life in Balance Coaching' in Anspruch zu nehmen.

Wir nehmen diese Person dann für cirka drei Tage in unserer Gemeinschaft auf, um an der Basis zu arbeiten, und für das leibliche Wohl ist natürlich auch gesorgt.

Es wird gründlich aufgeräumt und alles was nervt, so richtig entsorgt. Wir haben erfahren, dass in der Selbsterkenntnis der Schlüssel liegt.

Wir müssen hinschauen und nicht wegschauen. Wir müssen unsere Ereignisse nicht auf die Seite schieben und glauben, dass sie sich von allein erledigen. Wir helfen unseren Klienten, sich selbst zu erkennen, um sich wirklich – kennen zu lernen-. Wir bringen gemeinsam die Bedürfnisse und die Fähigkeiten sowie die Grenzen und Chancen ans Tageslicht.

Wir erstellen einen Aktionsplan und sorgen dafür, dass die Stressfaktoren sich im Rahmen halten.

Es kommen Menschen mit allen möglichen Lebenskrisen zu uns, die man sich vorstellen kann.

Ansonsten beschäftigt sich mein Lebenspartner mit der Aufbereitung von Wasser und hilft mir in der Paarberatung, die wir gemeinsam coachen.

Es ist ein schönes gemeinsames Arbeiten, wenn bei einem Paar auch ein Paar der Ansprechpartner ist. Somit fühlt sich kein Wesen übervorteilt oder untervorteilt. Das Gleichgewicht ist hergestellt.

In der Paartherapie begegnen uns viele, viele Lebensschicksale, die miteinander verknüpft sind. Es ist für mich die aufregendste Arbeit, die am meisten Sinn macht, denn dort, bei zwei Menschen, genau dort beginnt die kleinste

Zelle unserer Gesellschaft, die Familiengründung und so richtig das pralle Leben.

An der Basis muss es stimmen, denn hier fangen alle Missverständnisse an. Immer wieder stellen wir fest, dass Menschen aus den vollkommen verschiedensten Gründen heiraten oder zusammen leben. Jeder Partner hat den anderen aus ganz unterschiedlichen Gründen erwählt. Es sind sehr oft Gründe, bei denen man im Ansatz schon sehen sollte, dass es nicht passt. Aber aus all diesen Gründen suchen wir uns ja auch unsere Partner aus, um zu erkennen, was wir verbessern sollten, um ein glückliches und zufriedenes Leben führen zu können. Wie du schon weißt, wollen wir Erfahrungen machen. Das Leben ist ein Erfahrungs- und Erkenntnisprozess, so sehen wir es jedenfalls.

Wie ich schon erwähnte, sich einen Partner zu suchen, in der Hoffnung, dass er unsere eigenen Löcher stopft und uns glücklich macht, ist doch wohl ein Trugschluss.

Es kann nicht angehen, dass wir unsere Defizite ausschließlich durch den Partner kompensieren wollen und möchten. Das geht einfach nicht lange gut und wenn die erste Verliebtheit vorbei ist, dann geht der Ärger los.

Wir wollen unseren Partner so haben, wie wir ihn uns vorgestellt haben, wie er sein müsste.

Immer öfter sagen mir Mann wie Frau das Gleiche, wenn ich sie hier im Einzelgespräch bei mir habe. Genau das, was sie angezogen hat an mir, das will sie heute nicht mehr haben. Oder so, wie ich war, als wir uns kennen lernten, so will er mich heute nicht mehr. Aber wie kann er mich denn dann geliebt haben, wenn er das, was er liebt, vollkommen ändern will?

Es sind sehr oft die Umstände, nicht mehr allein sein zu wollen, weshalb man sehr schnell in einer Beziehung landet.

Die Zeit war viel zu kurz, um sich wirklich kennen zu lernen. Mache dir die Mühe und schaue mal hin, wie sich alles änderte, als die -Werbewochen- vorbei waren. Da kam der Ernst der Lage ans Tageslicht.

Oft fehlt die Balance zwischen privaten Leben und Beruf

Hast du das schon erlebt, wie jeder wieder beginnt, in seinen alten Trott hinein zufallen? Man ist sich ja sicher, man hat JA gesagt.

All das kennen wir und wenn die Frauen auch noch Kinder bekommen, und so ist es nun mal, gehen die Uhren ganz schön andersherum.

Wir wissen noch nicht, wie wir unsere Familienplanung am besten für alle Beteiligten planen. Den Spagat, den Mütter machen müssen, zwischen Job und Familie, wünsche ich eigentlich keiner Frau, denn sie hat immer ein schlechtes Gewissen, nicht allem gerecht zu werden. So ging es mir jedenfalls viele Jahre.

Hoffen wir mit Zuversicht darauf, dass wir die Lösung finden, um uns alle glücklich zu wissen. Die Männer, die Frauen und unsere gemeinsamen Kinder.

Es lohnt sich wirklich, ein wenig besser hinzuschauen und nicht ausschließlich die Hormone und das aufpolierte Ego sprechen zu lassen bei unserer Partnerwahl.

Eine Freundin erzählt immer die Geschichte von ihrer Oma, die da sagte:

Drei Dinge, Mädchen, brauchst du - Liebe, Glaube und Zuversicht.

An der Zuversicht, da hapert es bei uns allen. Von der Hoffnung sprach sie nicht, die ja bekanntlich zuletzt sterben soll. Mir ist die Zuversicht auch lieber, da habe ich das Gefühl, nicht so passiv da zu sitzen und zu hoffen.

Wir sind erzogen worden, alles zu hinterfragen und misstrauisch jedem und allem gegenüber zu sein. Besonders dem Neuen gegenüber.
Also, die Zuversicht ist es, das Vertrauen in uns selbst, dass ein groß angelegtes Wissen von Geburt her da ist. Nennen wir es Unterbewusstsein. Wir haben es nur zu oft verschüttet. In unserem tiefsten Inneren wissen wir wirklich alles.
Unser Unterbewusstsein würde niemals gegen uns entscheiden. Das ist nun mal so. Wir müssen lernen, unsere innere Stimme, die manchmal nur ein Stimmchen ist, wieder zu hören. Am besten klappt das in der Meditation.
Also, wenn du dir selbst erst mal etwas Gutes tun willst, dann versuche, deine innere Stimme frei zu schaufeln, von allen Vorurteilen, Programmen, selbst auferlegt oder zugelassen durch andere, die uns manipuliert haben, ein Leben lang. Weil die vielen Menschen um uns herum nicht immer unser Bestes wollen. In erster Linie wollen sie IHR Bestes. Und das ist total in Ordnung. Wir können lernen, zuzuhören und darum bitten, unsere eigene Entscheidung in dieser Sache zu treffen. Danach kann man sich immer annähern, um zu einer gemeinsamen, für beide Teile akzeptablen Lösung zu kommen.

Ja nun, dies alles ist leichter gesagt als getan.

Als erstes sollten wir wissen, dass wir allem, was wir sagen und zu hören bekommen - die Bedeutung - geben. Natürlich, wir bestimmen den Fortgang des Gespräches. So, wie es bei uns ankommt, so reagieren wir darauf. Wir überprüfen unsere Datei im Kopf und sagen, je nach Erfahrung - denn alles ist gespeichert - ja oder nein.

Viele Male kennen wir den Ausgang, weil wir uns schützen wollen, oder kein Risiko eingehen, oder einfach nicht blöd dastehen wollen.

Derjenige, der auf unseren Knopf gedrückt hat, ist nicht die Ursache, sondern der Auslöser.

Unsere Bewertungen werden durch unsere gespeicherten Glaubenssätze ermittelt. Zwei Personen können das gleiche Geschehen vollkommen anders wahrnehmen, obwohl sie direkt nebeneinander stehen. Für den einen ist es fast ein traumatisches Erlebnis und für den anderen fast bedeutungslos. Der Unterschied ist lediglich durch die Wertmessung in unserem Gefühl und Kopf zu erkennen, an der jeder das Ereignis misst.

Dieses zu verstehen, ist nicht immer einfach, es zu akzeptieren noch weniger. Lass es mich ein wenig erklären.

Das beste Beispiel dafür ist das große Betätigungsfeld der Partnerschaft. Die meisten Menschen gehen Partnerschaften, wie schon gesagt, aus den verkehrten Gründen ein. Sie erwarten, dass ihnen der Partner seine Bedürfnisse erfüllt, ihn glücklich und zufrieden macht. Wir machen sogar unseren Partner dafür verantwortlich, dass er für uns sorgt und gar die Verantwortung für uns übernimmt. Wir möchten, dass uns der Partner alle Töpfchen der Liebe allein auffüllt. Das ist einfach utopisch und nicht möglich.

Vieles kommt aus der Zeit, wo es eine ganz und gar andere Familienstruktur gab. Die Frauen waren zu Hause und zwar ausschließlich, abhängig von den draußen verdienenden Männern. So war die Familienplanung. Und leider hat sich auch eines nicht geändert. Solange es Nachwuchs gibt und keine anderen Systeme vorhanden sind, müssen wir uns damit arrangieren.

Wohl dem, der kein Problem damit hat, sein Baby an der Gardegrobe abzugeben. So, das ist nun mal nicht möglich. Klammern wir mal die Babypause aus. Da sollten die Partner verhandeln, wie die Beziehung in dieser Zeit läuft. Vielleicht teilt man sich ja auch den Job, was gar nicht mehr so unüblich ist. Ohne, das sich der Mann gleich wie ein Weichei vorkommt. Viele Väter haben es ausprobiert und fanden es als eine tolle Erfahrung und Bereicherung in ihrem Leben. Außerdem ist es schön zu sehen, wie die Väter, die dies hinter sich haben, in einem wirklich verständnisvollen Verhältnis zu ihrem Kind stehen.

Ich habe viele Paare kennen gelernt und beraten, die alle, wie durch Zauberhand, die gleichgelagerten Probleme bekamen, wenn die Kinder so ungefähr vier bis sieben Jahre alt sind, oder wenn die Kinder sich bereit machen, aus dem Haus zu gehen.
Nun möchte ich nicht über Kindererziehung oder das -warum- diskutieren. Ich möchte eigentlich nur einen Weg zeigen. Wenn einer von euch bemerkt, dass es bergab geht

mit eurer Beziehung, aus welchem Grund auch immer, müsst ihr etwas tun!! Schnellstens.

Gebt nicht den äußeren Umständen die Schuld. Versucht einfach, mit eurem Partner neu zu verhandeln. Es ist JETZT und HEUTE, eine neue Zeit, und ein paar Jahre eurer Beziehung liegen hinter euch.

Also hier komme ich zu dem Punkt zurück, dass wir irgendetwas nicht mitbekommen haben, als sich die Umstände oder die Dinge verändert haben.

Wo fangen wir an? Was ist festgefahren? Nichts geht mehr vorwärts, man hat sich genug an den Kopf geworfen, man ist ausgerastet, hat geweint, getobt, geliebt, geschwiegen, einfach alles ausprobiert. Und? Nichts hat geholfen! Gut gemeinte Ratschläge eingeholt, Freundinnen und Stammtische, Gruppenarbeit und Single Workshops besucht, doch nichts hat uns weitergebracht, oder nur kurzfristig?

Es ist wie in der ganzheitlichen Medizin, wir müssen die wahre Ursache ergründen, nicht nur die Symptome streifen.

Hier gibt es für den Einzelnen viele Möglichkeiten. Helfen wird immer nur das, was man auch versteht oder besser gesagt, was ankommt bei uns, wofür wir bereit sind, es aufzunehmen.

Gerade bei unseren Partnern sind wir so verletzlich, denn wir haben seit unserer Kindheit niemanden mehr so nahe an uns heran gelassen, wie unseren Partner. Zu leicht sind wir verletzt und eingeschnappt, fühlen uns unverstanden und eine gewisse Sprachlosigkeit macht sich breit. Dann mauern wir und merken dabei gar nicht, wie hoch die

Mauern bereits geworden sind. Wir sitzen fest in unserer selbst erbauten Falle.

Wir müssen uns heilen. Wir müssen erkennen, dass wir in der Sackgasse sind und uns nicht mehr auf der Straße der Liebe und des Verständnisses befinden. Ja, lang ist es her, als alles noch so schön war. Lassen wir einfach die Vergangenheit ruhen, einfach so. Lassen wir alles gehen, was uns behindert hat, an unserem Ziel, gesund, glücklich und zufrieden zu sein. Es ist nötig, dass wir versuchen, uns auf den heutigen Tag zu besinnen. Und o.k. zu sagen, heute ist der Tag, an dem ich mir vorgenommen habe, etwas zu ändern. Heute ist der Tag!
Ich habe die Kraft, alles in meinem Leben zu ändern.

Nun muss ich euch sagen, dass wir nicht bei deinem Partner anfangen können, nein, wir müssen bei dir anfangen. Ja, bei dir zuerst.
Oh, wie schön, wirst du nun sagen, habe ich doch schon versucht. Er hört einfach nicht, was ich sage. Oh, sagt er, schon wieder reden, nein danke. Und Recht hat er, denn geredet habt ihr schon genug. Und auch zerredet. Genug damit.

An dieser Stelle möchte ich euch eine kleine Geschichte erzählen, die ich in Griechenland aufgeschnappt habe und die mir eine Lebensregel geworden ist. Hier gebe ich sie weiter.

Zwei Menschen kommen zusammen. Sie sind rund, wie eine Kugel, sie können überall gemeinsam hinrollen, ohne anzuecken, sie rollen und sie rollen. Im ersten Jahr, im zweiten Jahr, im dritten Jahr bekommen sie jetzt einige Dellen, werden oval, rollen nicht mehr so richtig rund. Nein, sie bleiben immer öfter liegen, weil der Schwung fehlt. Sie versuchen, mit allen Anstrengungen zu strampeln, ganz schwer bekommen sie ihre Kugel wieder ins Rollen. Nach kurzer Zeit liegen sie wieder fest. Jetzt sind sie schon ein dickes ovales Ei geworden. Fazit: Nichts geht mehr. Im wahrsten Sinn des Wortes, nichts geht mehr rund. Nun kommt eine Fee, findet die Kugel, die ein Ei geworden ist und erkennt sofort das Problem. Kurz und bündig nimmt sie das Ei, und teilt es in zwei Hälften. Zu jeder Hälfte sagt sie: Kannst du versuchen, bevor du dich über deinen Partner beschwerst, für dich selbst wieder rund zu werden? Ich werde euch dabei helfen, wenn euch wirklich noch etwas an eurer Beziehung liegt und ihr sie fortführen wollt, in Liebe, Verständnis und Harmonie. Dann müsst ihr –jeder von euch einzeln- dafür sorgen, dass ihr wieder rund werdet.

Fazit dieser Geschichte ist, wenn jeder auf sich selbst schaut, dass seine Hälfte rund ist, werdet ihr niemals ein Ei. Also ist doch klar. Oder?

Ja, aber wie? Wo fange ich denn an? Meine Güte, da ist ja soviel Müll zu beseitigen. Die Wahrheit ist, dass dieser Müll euch daran gehindert hat, im Heute zu leben. Ja, ich weiß, es ist nicht einfach, alles auf die Seite zu schieben. Einfach so vergessen. Willst du Genugtuung, Recht oder willst du deiner Beziehung von Grund auf den richtigen wahren Grund geben, warum ihr zusammen seid? Also, Kriegsbeil begraben. Keine Verurteilungen, kein Gericht. Nein, das ist nicht der Weg. Auch verzeihen kommt später. Ihr werdet aber sehen, wenn man sich wirklich liebt, dann

muss man nichts verzeihen. Es gibt auch keinen Grund, warum man sich liebt. Sorry, da spricht nur das Ego.
Liebe braucht keine Erklärungen,
Liebe ist ganz einfach - ohne Grund. Liebe IST!
Kommen wir zurück zu unserer Kugel. Jeder zu seiner halben Seite, die ursprünglich ein Ganzes war. Jeder muss dafür sorgen, dass seine eigene Identität wächst, denn ohne eigene Identität kann keine vernünftige und gesunde Beziehung entstehen.

Können wir versuchen, ein weißes Blatt Papier zu nehmen, ein Blatt Papier, das ganz weiß ist. Ein weißes Blatt voller neuer Möglichkeiten, ein weißes Feld, was da heißt Zukunft.
Wir müssen, um in die Zukunft zu gehen, hier erst mal unsere Gegenwart meistern. Logischerweise ergibt die Zukunft sich aus der Vergangenheit. Das ist das alte Denkmuster. Wir schleppen ewig die Sandsäcke mit uns herum. Unsere eigenen und die der anderen auch noch. Also, wenn wir aber die Vergangenheit dort hinschicken, wo sie hingehört, nämlich in die Vergangenheit, könnt ihr euch vorstellen, wie viel Platz wir jetzt auf unserem weißen Feld der Möglichkeiten haben? Ich bin fest davon überzeugt, dass dies der einzige vernünftige Weg ist, seine Zukunft aus der Gegenwart zu kreieren. Ja, kreieren. Du bist dein eigener Meister, du hast die Kraft, Dinge zu verändern. Also, los!!
Jetzt malen wir uns aus, wie wir es gerne hätten.
Wie stellst du dir deine Partnerschaft vor? Schreibe es auf. Schreibe auch ruhig auf, wie du dir deinen Partner vorstellst. Jetzt mache eine Liste, nur für dich allein. Male dir

deine Traumprinzessin oder deinen Traumprinzen, mit allen seinen Eigenschaften aufs Papier. Sicherlich benötigst du ein wenig Zeit dafür. Es geht ja auch schließlich um deine Gegenwart und deine Zukunft.

Hast du auch an alles gedacht. Was macht dich glücklich? Du bist nämlich der einzigste Mensch, der weiß, was DICH glücklich macht. Ja, wie soll denn ein anderer Mensch - auch wenn es dein Lebenspartner ist - wissen, was dich glücklich macht. Du musst es ihm sagen. Richtig, so einfach ist das.

Zurück zu deinem Partner. Also, so sieht nun dein Traumprinz oder deine Traumprinzessin aus. Guck noch mal genau hin. Alles aufgeschrieben? Nichts vergessen?

Und hier spricht die Fee:

„Bist DU auch bereit, für deinen Partner der Traumprinz oder die Traumprinzessin zu sein?"

Meine Standardfrage an jedes Pärchen! Siehst du, nun sieht alles ein wenig anders aus. Es ist so einfach, alles was du dir von deinem Partner wünschst, solltest du ihm umgekehrt auch zugestehen. Nicht wahr?

Wie du siehst, ist es nicht einfach, aber schlicht und einfach fair.

Wenn du der Traumprinz bist, kommt die Traumprinzessin und nicht anders und umgekehrt. Leider, denn alle anderen Wege funktionieren nicht wirklich. Es sind immer nur halbherzige Zustimmungen, wenn man nicht bereit ist, sich wirklich und wahrhaftig aufeinander einzulassen.

Es sind faule Kompromisse, des lieben Friedens willen. Einer von beiden, oder gar ihr beiden, fühlt euch einfach nicht mehr wohl. Eine Trennung verschiebt nur die wahren Gründe. Eine Trennung ist überhaupt keine Lösung, sondern lässt wahre Heilung nicht zu.

Ich wünsche mir von Herzen, dass jedes Paar wieder zur Liebe findet und sich auch die nötige Zeit dazu nimmt.

Nun, überleg noch mal, wo du neu verhandeln musst, um neue Wege zu gehen und Änderungen hervorzubringen. Am einfachsten ist es wirklich, bei dir selbst anzufangen. Legt auch eure Wünsche dar, sprecht darüber, lasst die Empfindungen nicht auf der Seite, sagt dem Partner, worauf ihr wirklich nicht verzichten wollt, aber im gleichen Zuge auch bereit seid, das Gleiche anzubieten.

Wir lernen so am ehesten, den Partner so zu sehen, wie er wirklich ist.

Zurück zur Realität, zu deiner Partnerschaft.

Wo hängst du am meisten? Wo drückt der Schuh so richtig? Wo zeigt dir dein Körper durch Schmerzen, dass es genug ist? Also frage dich all das ab. Sei ehrlich, nur du fragst dich. Das Wort JA-ABER, gilt hier nicht. Wir müssen lernen, ehrlich zu uns selbst zu sein.

Bewerte es nicht und erkläre es auch nicht.

Also stelle dir vor, du willst an deiner Partnerschaft etwas ändern. Dann reicht es nicht, nur für einen Moment daran zu denken, oder für einen Tag, sich darauf einzustellen. Nein, es reicht auch nicht nur für eine Woche. Wir müssen es zur Gewohnheit machen, unseren Partner liebe- und respektvoll zu behandeln, denn genau so wird es eines Tages auf uns zurückkommen.

Eine wundersame Heilung kannst du damit einleiten, in dem du erstmal versuchst, dir selbst für dich ein paar ruhige Minuten am Tag zuzugestehen. Werde dein bester Freund und verwöhne dich, so wie du selbst am liebsten verwöhnt werden möchtest.

Ich habe sehr oft beobachten können, **wenn man sich selbst nicht mit Liebe und Achtung begegnet, tun es die anderen Menschen um dich herum auch nicht**. Mit anderen Worten, deine Umwelt geht so mit dir um, wie du selbst mit dir umgehst. Sie spiegeln dich einfach und das passiert ganz unbewusst.

Kannst du dir jetzt vorstellen, was wir uns auf diese Art und Weise eigentlich selber antun und das jeden Tag?

Ein Treffen mit dir selbst an einem Kraftplatz

Um es zu ändern und dich selbst wichtig zu nehmen, vereinbare mit dir selbst einen Termin. Suche dir die günstigste Zeit aus, wann du dich einmal am Tag, 10 oder 15 Minuten zurückziehen kannst.

Finde deinen Lieblingsplatz in deiner Wohnung, in der Natur oder wo auch immer. Finde einen ruhenden Platz und nenne ihn vielleicht deinen Kraftplatz. Es gibt viele solche Plätze, wähle den, der dir am meisten zusagt.

Auch ich habe solche Kraftplätze und nenne sie, meinen „secret garden". Wenn du solch einen Platz nicht zur Verfügung hast, dann kreiere ihn in deinem Inneren. Setze dich still auf einen Stuhl, schließe die Augen, beginne mit Atemausgleichsübungen. Fühle, wie die Ruhe durch dich strömt. Stelle dir in Gedanken vor, wie du in einem wunderschönen Garten auf einer Wiese sitzt und vor dich zwei Steine hinlegst, zwei hinter dich und zwei an die Seite. Dieser Kreis ist jetzt dein ``secret garden`` und du konzentrierst dich ausschließlich auf deine Atmung.

Lass dich von deinem Gefühl leiten, wo du dich am wohlsten fühlst. Setze dich an diesen ruhigen Ort. Stelle das Telefon ab und das Handy ebenso.

Beginne mit einer einfachen leichten lockeren Atemübung.

Setzte dich ganz gerade hin und atme durch die Nase ein. Halte die edle Luft einen kleinen Moment an und blase mit einem leichten Geräusch die Luft aus dem Mund wieder aus. Ganz langsam

wiederholst du das fünfmal. Danach beginnst du mit deiner Vor-
stellung im Inneren.

Versuche mal diese Meditation, in dem du dir einfach nur klares
silbrig weißes Licht vorstellst.

Einen Versuch ist es wert, lerne zu meditieren. Die Meditation ist einfach eine Zeit des NICHTS TUN, nicht mehr und
nicht weniger.

Grosse Worte, ich weiß. Die meisten Menschen stellen sich
darunter die akrobatischsten Gedanken vor und sagen,
dass sie das nicht können.

Hier ist, wie ich gelernt habe zu meditieren. Ganz einfach. Ich
habe begonnen, mir eine wunderschöne Rose vorzustellen. Du
kannst dir dazu ein Bild nehmen oder eine echte Rose vor dich
hinstellen. Fange damit an, sie dir für diesen Anlass zu schenken.
Gehe vorher in einen Blumenladen und kaufe für dich selbst, die
schönste Rose, die du finden kannst.

Nun versuche, die Rose ganz genau zu betrachten und zwar so
genau, als wenn du sie malen möchtest. Sieh sie dir an, mit allen
Einzelheiten. Nun schließe die Augen und sieh nach, ob du die
Rose schon vor deinem inneren Auge sehen kannst? Nein, macht
nichts, wiederhole es so lange, bist du die Rose sehen kannst.

Das ist schon alles.

Wenn die Gedanken abschweifen, dann komm zurück zu deinem
Bild der Rose.

Nun geht es weiter.

In der täglichen Meditation finden wir die Ruhe, die wir
brauchen, um zu uns selbst zu finden.

Nun, das ist einfacher gesagt, als getan. Denn immer wieder treten   Blitzgedanken in unsere Ruhe, die versuchen, uns abzulenken.

Lass diese Gedanken einfach zu und gehe ihnen nicht hinterher.
Lasse diese Gedanken einfach kommen und gehen, gib ihnen keine Bedeutung. Sie sind da, und das ist o.k. so.
Setze sie auf eine Wolke und lass sie davon fliegen, gib ihnen keine Bedeutung.
Oder wie ein japanisches Sprichwort sagt: Wirf deine Gedanken wie Herbstblätter in einen blauen Fluss. Und nun schau zu, wo sie hineinfallen und davon treiben und dann - vergiss sie!

Konzentriere dich wieder auf deine Atmung und werde ganz ruhig. Zähle den Rhythmus deines Atmens und konzentriere dich nur ausschließlich darauf.
Fühle, wie die „Leere" wieder eintrifft und wie es sich anfühlt, total losgelöst zu sein.

- *Einfach nur so zu sein – denke, ich bin.*
- *Ich atme - ich bin*
- *Stell dir vor, du bist Liebe.*
- *Stell dir vor, du wirst unendlich geliebt*

Stelle dir nun   einen Lichtkegel mit wunderbarem silbrig- weißem Licht über dir vor. Dieser Lichtkegel fällt über dich, wie eine Pyramide nach vorn, nach hinten und zur Seite. Ebenso stell dir vor, wie er eindringt, neben dir in die Erde.
Du bist nun geschützt im göttlichen Licht des Universums und kannst die Zuversicht haben, dass du zu dir selbst finden kannst.
Jetzt hast du die Ruhe, die dich zurück zu deiner Kraft bringt.

Nun kannst du eine Reise nach innen beginnen. Fange mit dem Kopf an. Der wunderbare Lichtstrahl startet in der Mitte deines Oberkopfes, erfüllt den gesamten Kopf mit hellem Licht, geht zu jedem Gebiet des Kopfes, danach zu den Augen, der Nase, zum Mund.

Fühle, wie dich der Lichtstrahl erfüllt, und all deine aufgestauten Energieblockaden mitnimmt.

Lass den Lichtstrahl nun zum Hals wandern, zu deiner Stimme, zu deinem Ausdruckssystem, hier wird der silberne Lichtstrahl seine volle Kraft einsetzen, um alle Blockaden zu entfernen, um dich ab sofort in deinem –Sein- zu unterstützen und zu stärken.

Du kannst auf diese Weise nun zu allen anderen Organen deines Körpers gehen und alle Organe mit dem silbernen Lichtstrahl erfüllen. Spüre die Kraft des Lichtes, der Reinigung, das Auffüllen mit neuer kraftvoller Energie in deinem gesamten Körper bis zu den Füßen.

Fühle, wie warm es dich durchdringt und spüre, dass es ein reinigendes klares und strahlendes Licht ist.

Am Ende der Lichtmeditation mit dir selbst, solltest du dem Lichtstrahl erlauben, dass er alle Blockaden aus deinem Körper mit sich nimmt – und in die Erde ableitet.

Verbringe noch ein paar Sekunden in der absoluten Ruhe. Achte noch mal auf deinen Atem und bedanke dich beim ʻ"göttlichen Licht" für die wundervolle Reinigung und den Energieschub, den du erhalten hast.

Dies ist eine Übung, die du jeden Tag anwenden kannst, wann immer du sie brauchst. Mindestens aber einmal am Tag. Der Morgen ist genauso geeignet wie der Abend. Vergesse nicht, dich immer wieder –symbolisch- neu aufzutanken.

Ein erhöhtes Potential an Licht, Liebe und Harmonie, macht uns stärker in allen Bereichen des Lebens.
Die geistige Versenkung wird dir im Laufe der Zeit eine Veränderung bringen, denn es verändert dein Leben im positiven Sinne. Durch die Einstrahlung mit göttlichem Licht verwandelt sich unser Umfeld in harmonische Perfektion.

Der Prozess, der durch die Meditation in Gang gesetzt wird, führt dich zu mehr Selbstvertrauen und Selbstbewusstsein. Gleichzeitig wird deine Kreativität geweckt, die neu wahrgenommene Welt um dich herum neu zu gestalten und zu verbessern.

Du bekommst ein starkes Gefühl nach Liebe, Verständnis, Hingabe und Harmonie.
Meditation bringt dich einfach deinen Mitmenschen näher und du siehst sie in ihrem eigenen Licht erstrahlen. Wir werden toleranter und erkennen, dass jeder seinen eigenen Lebensplan hat. Jeder hat sein Päckchen zu tragen und daran zu arbeiten. Wir können es nicht abnehmen, genauso wenig können unsere Mitmenschen uns unser Päckchen abnehmen.

Die Vollkommenheit, die sich im Laufe der Zeit bei deiner Meditation einstellt, umgibt dich mit unglaublichem spirituellem Reichtum. Dabei meine ich die Art, wie auf wunderbare Weise Dinge sich nun fügen oder gar in Erfüllung gehen. Das bezieht sich auf die geistige, wie auf die materielle Welt, in der du lebst.

Habe Geduld mit dir selbst und sei nicht gleich frustriert, wenn es nicht sofort klappt. Sei sanft mit dir selbst und gib dir Zeit, es umzusetzen.

Es wird dir große Fortschritte in deinem Inneren liefern.

Der Zugang zu deinem Selbst in der Meditation wäre vergleichbar mit einem Tresor, den du öffnen möchtest und zwei Möglichkeiten hättest:

Einmal mit der Brechstange und ein anderes Mal mit der Zahlenkombination. Beides geht und ist natürlich möglich, aber wie clever und smart ist es doch, die Zahlenkombination zu benutzen.

Ein „Life in Balance - Bewusstsein" zu erlangen ist die Zahlenkombination, denn dann funktioniert die ganzheitliche Gesundheit wieder sehr harmonisch.

Versuche jeden Tag die vorgeschlagene Meditation oder versuche eine andere. Es gibt viele Anregungen. Auch du kannst kreativ Neue erdenken und sie ausführen. Wichtig ist nur eines, nämlich, dass du dich einfach gut dabei fühlst und dich nicht unter Druck setzt, aber auch nicht zu nachlässig wirst. Bleibe dran, es dir jeden Tag fest in dein Programm einzubauen. Halte es 21 Tage durch und danach gehört es zur Gewohnheit, wie das tägliche Zähneputzen.

Es ist hilfreich, immer die gleiche Zeit zu wählen. Dadurch gewöhnst du dich daran, dass es ein Termin mit dir persönlich ist und mal mindestens so wichtig, wie alles andere. Lass es zu einem Ritual werden. Es ist auch schön, dieses Zeremoniell zu begehen, nachdem du nach Haus gekommen bist und bevor du deine privaten Verpflichtungen beginnst.

Somit gelingt es dir, das Tagesgeschehen zu filtern und nicht in dein Familienleben mit hineinzumischen.

Ich habe es oft so gemacht und mir dadurch einen Katalysator geschaffen.

Immer, wenn ich eine Grenze setzen möchte, dann benutze ich diese Lichtübung und fühle mich danach viel befreiter und einem Neuanfang gleich.

Wenn du magst, kannst du dir auch eine Kerze anzünden und es so zu einem speziellen Moment des Tages kreieren.

Wie gesagt, mache es zu deinem Rendevouz mit dir selbst und finde deinen eigenen Wert heraus und bestimme ihn.

Luise Hay sagte einmal in ihrem Seminar und schrieb es auch:

„Es ist wichtig zu verstehen, dass die Kraft, die wir oft außerhalb von uns suchen, in uns selbst gegenwärtig ist. Jeder trägt in sich die Weisheit, die ihn befähigt, seinem Leben die größtmögliche Vollkommenheit zu geben."

Wir haben all das Wissen in uns und brauchen eigentlich gar nichts zu lernen, sondern müssen versuchen, in uns hereinzuhören, um die richtige Antwort wahrzunehmen. Leider ist das im alltäglichen Geschehen nicht immer möglich. Wir sind von äußeren Einflüssen sehr in Beschlag genommen und orientieren uns ebenfalls nach den vorgegebenen Maßnahmen.

Wir sind irgendwann mal von unserer Umwelt, regelrecht schön langsam und kontinuierlich, wie ein Computer programmiert worden. Jeder unserer Beziehungspersonen hatte es gut gemeint mit uns. Jeder hat einen Teil seines Selbst hinzugefügt, um aus uns, wie sie sagten, einen guten und liebenswerten Menschen zu machen.

In erster Linie war es die subjektive Meinung unserer Erzieher, zu wissen, was für uns gut war. Wer wurde da schon gefragt, ob es uns recht sei, die gute Tante auf der Straße zu grüßen, oder ob wir unbedingt die Mathematik verstehen wollten, auch wenn wir es einfach nicht in unseren Kopf bekommen konnten. Oder wie mein Vater gerne gewollt hätte, dass ich Zahnmedizin studierte, um seine Praxis zu übernehmen. Als ich versuchte, mich seinem Wunsch zu widersetzen, kühlte sein Interesse an meinen Berufswünschen merklich ab. Ich wusste, dass ich eine lausige Zahnärztin sein würde und als auch meine beiden Schwestern sich seinen Wünschen widersetzten, muss er eigentlich sehr frustriert gewesen sein.

Wie viele Menschen laufen herum, sind unglücklich mit dem Berufswunsch der Eltern, den sie ausüben und wundern sich, dass sich der Erfolg einfach nicht einstellen will. Auch eine große Anzahl der Menschen üben einen Beruf aus, nur weil er ihnen die vermeintliche Sicherheit, zu was auch immer, verspricht.

Also, nun möchte ich dir eine Methode vorstellen, die dir in deinem Innenleben ein kleines Licht anzündet.

Es ist ganz einfach.

Nimm dir ein Blatt Papier und schreibe dort die Zahlen 1-2-3 untereinander. Lasse nun ein paar Abstände, so dass du etwas in den Abschnitt schreiben kannst.

Frage Nr. 1

   Was ich alles nicht sein möchte?

Frage Nr.2

    Was mir nichts ausmachen würde zu sein!

Frage Nr. 3

    Ich glaube, ich wäre ganz gern...!

Lass dir Zeit mit den Antworten. Schreibe alles in die entsprechende Spalte, was auch immer dir zu der Frage einfällt. Je mehr Antworten du findest, umso besser. Vielleicht brauchst du auch Tage dazu. Es ist prima, sorge nur dafür, dass du die Liste vollkommen durchgehst.

Es ist eine der wirklich hilfreichen Listen, die ich auf meinen vielen Lehrgängen und Seminaren oft eingesetzt habe. Nun hast du die Möglichkeit, mit deinen Wünschen etwas zu verbessern. Und wenn es nicht gleich der Beruf ist, dann fange einfach mit der Vorstellung darüber an, die du hast.

Die Kunst länger zu leben

Ernährung,- Luft- und Wasser- Elemente von außen bestimmen unser Leben.

Ohne Essen kommen wir eine Weile aus, ohne Wasser geht es dann nicht mehr so lange, aber ohne Luft geht nach ein paar Minuten gar nichts mehr.
Viele Menschen atmen viel zu flach und geben ihrem Körper gar nicht den Sauerstoff und die Energie aus der Luft, den er jede Sekunde braucht.
Die Atemübung, die ich in der Meditation anwende, eignet sich auch hervorragend zum bewussten Atmen. Wir müssen es uns bewusst machen, wie oft wir mit gekrümmtem Oberkörper da sitzen und die Luft nur sehr oberflächlich in uns reinziehen. Wir sollten die Lungen beim Einatmen mit guter, reiner Luft füllen, und die verbrauchte Luft soll den Körper wieder verlassen.

Nun, jedem Kind ist heute bereits klar und bewusst, dass wir uns in der jetzigen Zeit nicht mehr ausreichend ernähren. Wir bekommen viel zuviel von den Dingen, die uns nicht gut tun und wir essen zuwenig von den wichtigen Dingen, die wir wirklich brauchen. Mit anderen Worten. Wir haben viel mehr zu essen – aber weniger Ernährung.

Um es kurz und bündig auf einen Punkt zu bringen. Wir brauchen jeden Tag ein Minimum an Nährstoffen, Vitaminen, Mineralien, Spurenelementen, Ballaststoffen, Fetten, Proteine und so manches noch dazu. Wir benötigen täglich diesen Bedarf, damit unser Körper und unsere Zellen ihren

Job bestens tun können. Wenn nur ein Bestandteil auf die Dauer fehlt, werden wir am Ende der Kette krank. Der Eine von uns früher, der Andere später.

Um wirklich allem gerecht zu werden, und mir ein Sicherheitsnetz für meine Gesundheit einzubauen, esse ich seit über 16 Jahren die Nahrungsergänzungsprodukte. Ich möchte an dieser Stelle nicht weiter darauf eingehen, aber eines sei gesagt, dass ich mich noch nie in meinem Leben so gesund und fit gefühlt habe, wie in den letzten Jahren.

Dass in einem gesunden Körper auch ein gesunder Geist wohnt, ist uns allen bekannt. Wir müssen nur etwas dafür tun. Wir müssen sehen, dass wir präventiv unser Leben selbst in die Hand nehmen, und das auch nicht ständig von anderen entscheiden zu lassen.

Und wenn man es jetzt nicht begriffen hat, dass wir selbst uns am nächsten stehen sollten, um für uns zu sorgen, der sollte mal die Zeitung aufschlagen zum Thema Gesundheitsreform.

Wer hat nicht schon mal den weisen Spruch gehört:

Du bist - was du isst. Es gibt so einige Gesundheitsideen, die wirklich Sinn machen. Ich persönlich finde die Trennkost auch sehr angenehm und sinnvoll. .

Und auf gar keinen Fall komm bitte auf die Idee, einseitige Ernährungsformen zu wählen, wenn du ein paar Kilos abnehmen möchtest.

Der Körper leidet schon am Mangel und schreit nach ausgewogener Ernährung.

Zum Wasser könnte ich dir ebenso mit Leidenschaft erzählen, was es alles im Körper für Wunderwerke tun kann.

109

Wasser ist Leben und wir reinigen uns nicht nur durch Wasser von außen, sondern auch von innen. Wasser hat die Fähigkeit, Gifte zu binden und sie aus dem Körper herauszuschwemmen. Wasser ist nur ein Transportmittel innerhalb des Körpers. Deshalb muss Wasser so rein sein, wie möglich. Mineralwässer taugen nicht für diese Aufgabe.

Eine Lektüre, die ich dir unbedingt dazu empfehlen möchte, ist das Buch von Dr. Batmanghelidj: „Du bist nicht krank, du bist durstig".

Am Ende dieses Buches kannst du eine Liste von vorgeschlagenen Büchern finden, die wir für ein Leben zur Selbstverantwortung wichtig finden.

Nun, wenn wir dafür Sorge tragen, dass unser Körper richtig ernährt, perfekt beatmet und mit reinem und aufbereitetem Wasser versorgt ist, wird er es uns danken, indem wir mit einer glänzenden Gesundheit ausgerüstet sind. Das ist der Grundstein für einen gesunden Menschenverstand und ein intaktes Seelenleben.

Wenn du etwas beweglicher werden möchtest, dann baue doch ein kleines Stretchingprogramm (Yoga) ein. Es gibt so viele Anleitungen, wähle eine aus, die dir zusagt und Spaß macht.

Das Thymus-Drüsen-Klopfen

Täglich benutze ich eine Anwendung, die ich dir nicht vorenthalten möchte. Ich beklopfe regelmäßig ganz leicht meine Thymusdrüse. Diese Übung bewirkt, dass wir uns stabilisieren und unser Immunsystem stärken.

Der Held unseres Körpers ist für mich die Thymusdrüse. Die Entwicklung der Abwehrkräfte in unserem Körper ist sehr eng mit ihr verknüpft. Sie sorgt dafür, dass Bakterien, Viren, Pilze sowie Gifte erkannt, rasch und sicher vernichtet werden. In der Thymusdrüse sitzt somit die Abwehrsteuerungszentrale unseres Körpers.

Je älter wir werden, umso schwächer wird unsere Immunabwehr. Der Grund dafür liegt in der Rückbildung der Thymusdrüse. Du kannst diesen wichtigen Helfer jeden Tag aktivieren, in dem du mit den Kuppen vom Zeigefinger, dem Ringfinger und dem Mittelfinger leicht, cirka zwanzigmal, mit der rechten Hand auf das Brustbein, etwa vier Zentimeter unterhalb des Schlüsselbeins, klopfst.

Mit dieser Übung kannst du dich aktivieren, Stress abbauen und dich auch stabilisieren.

Also leicht und locker jeden Tag klopfen und den Satz dazu sagen:

„Ich liebe, ich glaube, ich vertraue, ich bin dankbar und mutig!"

Damit hilfst du deinem Helden im Körper, und er dankt es dir mit anhaltender Aktivität und Gesundheit.

Body - Mind - Soul

Jeden Tag ein Drittel für jeden Part aufzubringen, ist das Ziel. Was tust du für Dich jeden Tag?

Wie oft schieben wir die Ausrede vor uns her, ich habe keine Zeit dafür, oder ja, wann denn? Erinnerst du dich, du bist der Regisseur, du spielst die Hauptrolle in deinem Lebensfilm.

Ich denke mir, wir sollten einfach Prioritäten in unserem Leben setzen. Nicht erst morgen — nein heute!

Weißt du, was mich wirklich in meinem Lernprozess des Lebens aufregte?
Der Satz, der immer wieder meinen Weg kreuzte, hieß:
Wenn du willst das Dinge sich ändern, musst DU dich ändern.

Für mich bedeutete dieser Satz die reine Provokation schlechthin. Ich war voller Widerstand, weil ich dachte, ich - warum ich schon wieder?
Aber nur so wird es dir gelingen, eine Veränderung in deinem Leben herbeizuführen. Wir können die Menschen nicht ändern und sollten es auch gar nicht anstreben, es zu tun, weil es überhaupt nicht funktioniert. Lasse die Menschen, wie sie sind, ist eine schöne Aussage meiner Schwiegertochter und sie hat so recht damit.

Alles beginnt wirklich bei dir selbst und wir können es nachprüfen, die Fäden laufen wieder zurück zu uns.

Zuerst müssen wir für unsere eigene Zufriedenheit sorgen, um wirklich überhaupt ein aktives Leben führen zu können. Ich spreche nicht vom Egoismus, ich spreche davon, dass es höchst unsozial ist, wenn du dich selbst so schlecht behandelst. Also, wie kann das sozial sein??
Wie kannst du nur mit „halber Kraft" dein Leben meistern, geschweige es glücklich und zufrieden leben?
Kurz und gut, schaffe dir diese Zeit für – DICH.

Behandele dich selbst so, wie du deinen besten Freund behandeln würdest. Dann bist du immer auf der richtigen Seite.

Jetzt versuche mal, deine Gedanken zu kontrollieren. Höre dir mal selbst zu, was dir den ganzen Tag so im Kopf herum geht. Wie viele Male möchtest du sie abstellen und es geht einfach nicht. Sie nehmen Besitz von dir und du drehst dich oftmals im Kreis.

Wir verwenden 95% unserer Energie auf das Problem, anstatt auf die Lösung des Problems. Drehe es einfach um, verwende 95% deiner Energie auf die Lösung.

Wenn wir uns nun ermahnen, die Energie von 95% in die richtigen Bahnen zu lenken, wird es dir gelingen.

Lange habe ich ein wunderbares Hilfsmittel benutzt. Es handelt sich um meine umgedrehte Visitenkarte, auf der ich mir nichts weiter als 95% darauf schrieb. Diese habe ich dann überall aufgehängt, wo ich von morgens bis abends hingeguckt habe, am Bett, im Bad, am Kühlschrank, im Auto, am Schreibtisch usw. Es ist wirklich empfehlenswert, wie großartig die Wirkung dieser kleinen Karten ist. Außerdem ist es dein Geheimnis, und sollte dich jemand danach fragen, dann kannst du es ja mit ihm teilen. Noch immer verwende ich diesen Trick und bin von seiner Wirkung fest überzeugt.

Eigentlich ist es nichts weiter, als sich zu ermahnen, keiner negativen Energie nachzuhängen. Wir transformieren somit einfach unsere Gedanken in ein positives und aktives Gebiet.

Negative Gedanken kehren zu uns zurück. Ich glaube sehr daran, und habe es auch öfters erfahren. Und warum brauchen wir das? Verwenden wir unsere Gedanken in schöne, erstrebende und aufbauende Gedanken. Wir werden dann eine große Lust verspüren, und unser Leben in vollen Zügen genießen.

Eine andere schöne Weisheit ist –

Vereinfache das Komplizierte und mache das Einfache nicht kompliziert

Ebenso habe ich irgendwann verstanden, einfach aufzuhören, nach dem WARUM zu fragen und habe es durch WESHALB ersetzt. Auf einmal bin ich in festgefahrenen Situationen weiter gekommen als vorher.
In dem Moment, in dem wir Dinge loslassen und uns nicht mehr daran festklammern, das WARUM zu ergründen, tun sich neue Sichtweisen auf.
Nach einiger Zeit erkennen wir ja doch, dass alles seinen Sinn hat und wir wohl doch einem großen Plan unterliegen.
Die Frage, weshalb ist diese Situation gerade in mein Leben gekommen, bringt dich in jedem Fall weiter, als im ‚warum' stecken zu bleiben.
Außerdem sollten wir versuchen, den Dingen genau die Wertschätzung zu geben, die angemessen ist. Nicht übertrieben und auch nicht untertrieben. Und vor allem gib dich nicht in die Gefahr, dass du alles hinterfragst und simple Angelegenheiten zum Staatsakt machst.

Und wenn das im Moment nicht weiterhilft, dann rufe dir in dein Gedächtnis, worüber du eigentlich in deinem Leben sehr dankbar sein solltest. Diese Art der Anerkennung über die Dinge, die alle großartig verlaufen sind, helfen dir in Krisenzeiten einfach weiterzumachen, ohne Unterbrechung und Negativdenken.

Ich bin zum Beispiel über die Natur dankbar, die ich jeden Tag bewundern kann, die Vögel, die ich noch hören kann.

Oder ich bin dankbar über alles was ich lernen durfte und über meine geduldigen, vielen Lehrer, die ich hatte. Ich bin dankbar über die vielen Möglichkeiten, die sich heute für mich bieten, sich weiterzubilden und neue Wege zu probieren.

Ich freue mich über die Anerkennung, die ich von den Menschen bekomme, die mit mir in Kontakt getreten sind und denen ich helfen konnte, dass ihr Leben ein klein wenig besser und erträglicher wurde.

Ich bin dankbar für das große Vertrauen, welches man uns und mir entgegenbringt, indem man uns sein Inneres offenbart. Auch für das soziale Netz, das uns alle umgibt und in Notfällen auffangen kann, bin ich sehr erfreut.

Ich bin auch dankbar für die Liebe, die man mir schenkt und vor allem bin ich dankbar dafür, dass ich gelernt habe, auch über mich selbst zu lachen und mich über witzige Situationen vor Lachen auszuschütten. Denn Situationskomik ist doch wohl das Witzigste, was es gibt, und lernen, über sich selbst zu lachen, ist einfach herrlich.

Sammele doch einfach all die schönen Karten und Briefe, von den Menschen, die dir liebevolles geschrieben haben. Es sind wunderbare Aufheller für die trüben Stunden.

All das und noch viel mehr sind hervorragende Gründe, dankbar zu sein, wenn man mal so richtig durchhängt. Es helfen mir auch sehr die Eintragungen im Gästebuch der Homepage und die vielen lieben Dankschreiben, die ich immer, wenn ich mal einen Durchhänger habe, lese. Danach geht es sehr schnell wieder bergauf mit mir.

Ich finde es einfach wunderbar, hier in diesem Zeitalter Kontakte zu knüpfen, die man sich noch vor 15 Jahren gar nicht vorstellen konnte. Vom Internet angefangen bis zur "After Work Party".

Und um es nicht zu vergessen, all wir Menschen, die wir miteinander verknüpft sind, haben ja auch eine Funktion und Aufgabe übernommen. Jeder hat dem anderen etwas mitzuteilen oder zu geben.

Machen wir es uns selbst und den anderen einfach nicht so schwer.

Treffen wir eine Entscheidung, Dinge zu ändern.

Treffen wir eine Entscheidung darüber, was uns kränkt und umhaut.

Es sind fast immer alte, noch nicht aufgearbeitete eingespeicherte Gefühle, die wieder aufflackern.

Wenn du nicht verstehst, es emotional zu lösen, wird es solange wiederkommen, bis du erkennen kannst, wo dich der Schuh drückt.

Erlöse deinen Schmerz, damit du verzeihen kannst und beginnst dich selbst zu lieben und zu verstehen. Jetzt ist die Zeit gekommen, anzufangen, dich wirklich zu befreien, von all deinem Kummer, in dem du dir selbst vergibst und auch den anderen.

Vergebung ist eine andere Zauberformel. Lasse dein Ego dir nicht im Wege stehen, denn nur durch Liebe und Vergebung machst du dich selbst frei.

Lerne gewaltfrei zu kommunizieren, ohne Schuldzuweisungen, Kritik und Belehrungen. Gehe einfach mit tiefem Mitgefühl und Verständnis an die Herausforderungen heran.

Wir sind vollkommen davon überzeugt, dass die Individualität eines jeden Menschen gewahrt bleiben muss, um mit dem einverstanden sein zu können, was ist. An Dingen, die wir nicht ändern können, müssen wir uns nicht die Zähne ausbeißen.

Ich denke, wir sollten uns in unsere Kraft stellen und die Fähigkeit entwickeln, unser eigenes Leben selbstverantwortlich in die Hand zu nehmen. Das sollte das größte Ziel der Selbstverwirklichung werden. Sehr oft klappt es im Berufsleben schon ganz gut, aber im Privatleben hängen wir doch oft ganz schön hinterher.
Darin sehe ich meine größte Herausforderung, daraus eine Lebenskunst zu entwickeln, das persönliche und private auch in Balance zu bekommen, in trauter Eintracht mit dem täglichen Berufsleben.
Ich denke, es ist die Kunst im Augenblick zu leben und die Schönheiten des Lebens, sich nicht für morgen aufzubewahren.
Ein lieber Klient schrieb mir mal in mein Gästebuch: „Mache dein Leben süß, denn es ist kurz."

Ebenso ist es wichtig, sein volles Potenzial auszunutzen, aus der Fülle zu leben und aus dem Mangel herauszutreten.

Lass es nicht so weit kommen, eines Tages zu sagen, in Wahrheit hatte ich in den besten Jahren meines Lebens überhaupt gar keine Zeit für mich selbst oder für meine Familie. Der Preis, den du da zahlen musst, ist am Ende zu hoch.

Lerne dich und deinen Partner sowie dein Umfeld besser zu erfahren und finde den besten Weg der Erfüllung für dich.

Treffe eine Entscheidung für dein Leben heute und du ahnst, wie schön es sein kann, ein Leben in Balance zu leben.

Gerne möchte ich dir nun die wichtigsten, lieben Kollegen und Freunde vorstellen, die zu unserem Kreis - Haus des Lebens - gehören, ein Zusammentreffen wunderbarer Menschen, die bei Bedarf sehr eng mit uns zusammen arbeiten.

Eine Dipl.-Psychologin und Familientherapeutin, eine wirkliche Freundin und ebenfalls meine Mentorin, möchte ich hier erwähnen. Sie hat die Weiterbildung in dem Emotionalen Frieden Projekt übernommen und ist bis heute auch meine Supervisorin bei schwierigen Fällen.

Des Weiteren haben wir einen englischen Experten in der Gruppe, einen ausgezeichneter Hypnotiseur, der sich auch mit Allergien sehr gut auskennt. Wir organisieren hier regelmäßig Allergietests.

Außerdem halten wir Workshops in englischer Sprache ab. Ebenso konnten wir einen erfolgreichen Businesstrainer aus Deutschland in unser Boot holen. Wenn immer Projektmanagement gefragt ist, ist er der richtige Mann, mit viel Know How. Er ist der kompetente Ansprechpartner für unsere Manager und alle die, die es werden wollen.

Und nicht zuletzt möchte ich noch eine gute Freundin erwähnen, die uns auch mit ihrer Arbeit ergänzt, als spirituelle Lehrerin. Sie beschäftigt sich seit vielen Jahren mit der Lehre des Aura Soma und dem Wissen der Mayas und rundet alles ab, mit einem persönlichen Chart in Nummerologie. Sie ist eine feinfühlige, liebevolle Weggefährtin im reifen Alter.

Du kannst sehen, dass es eine große Palette gibt, die es abzudecken gilt. Das ist unsere Arbeit, die wir aus vollstem Herzen praktizieren und lieben.

Und ich könnte mir keinen besseren Mann an meiner Seite dafür vorstellen, als meinen Mann Rainer, den ich hier auf Mallorca gefunden habe. Unser Glück ist es, ein gemeinsames Projekt zu haben, wodurch unsere Liebe von Tag zu Tag wächst. Er kümmert sich um die Organisation und alles, was mit Anti Aging und Fitness des Körpers zu tun hat. Seine morgendlichen Yogaübungen und Spaziergänge sowie Radtouren sind schon Legende.

Siehst du, es gibt immer wieder Wege, die uns Menschen an einen Platz stellen, wo wir den größten Nutzen für die Gemeinschaft darstellen. Wo wir zu Höchsttouren auflaufen können, ohne uns zu stressen.

Wo wir in unserer Mitte leben können, weil wir wissen, es ist Bestimmung und es fühlt sich einfach sehr gut an.

Eine Weisheit möchte ich dir noch gerne vermitteln –

Das Leben spielt sich dort ab, wo du gerade mit deinen Gedanken bist!!!
Es ist das wahre Geheimnis, zu erkennen, dass die Energie dem Gedanken folgt.

Überlege dir, ob du deinem Körper positive oder negative Informationen geben willst. Alle Informationen verteilen sich über den ganzen Körper, über den Rücken und das Rückenmark. Dort bleiben sie stecken und manifestieren sich so in deinem Energiesystem.
Der Fluss deiner Lebensenergie ist dadurch empfindlich gestört.

Finde heraus, was dich in deinem Leben einschränkt. Wo du hängst, wo Dinge nicht so laufen, wie du sie dir vorgestellt hast. Oder hast du dir gar nichts vorgestellt und eventuell sogar unrealistische Vorstellungen aufgestellt?
Stell dir vor, es wäre sehr einfach, dein Problem oder deinen Unmut aus der Welt zu schaffen, würdest du es tun?
Oder hast du dich schon so sehr an deinen Zustand gewöhnt, dass du so klein geworden bist, dass du unter dem Teppich Fallschirmspringen könntest???

Manchmal braucht man wirklich eine neue Sichtweise, ein neues positives Bild. Auch wenn du gewisse Zweifel an dir hast. Versuche es, du bist mit keinem Menschen vergleichbar. Sei du Selbst, habe den Mut, dich selbst in deine eigene Größe zu stellen.

Versuche zu erkennen, dass du dein Potential gar nicht ganz ausschöpfst. Obwohl du Zweifel hast, habe den Mut nach vorne zu schauen und in deine Zuversicht zu investieren.

Befolge ansonsten die goldene Regel:

Was du nicht willst, dass man dir tut, das füge auch keinem Anderen zu!

Wann immer ich mich im Leben zu irgendetwas entscheiden muss, und Menschen sind dabei im Spiel, dann frage ich mich, ob ich das wohl gut fände, wenn man mit mir so umginge? Und bei Antwort - nein, lasse ich es einfach sein. Bei positiver Antwort stehe ich mit vollem Herzen dahinter und strebe das Ziel an.

Diese goldene Regel, wie ich sie nenne, ist so alt wie die Welt und hat bis heute immer noch ihre Gültigkeit.

Fange an, deine Wünsche zu manifestieren und lass sie Wirklichkeit werden. Mach dir vielleicht an deinen Kühlschrank eine Pinnwand, wo du alle deine Ziele auf ein Blatt geschrieben hast. Du wirst es jeden Tag mehrmals ansehen und feststellen, dass es hilfreich ist, bis zur Umsetzung.

Wenn du dann weißt, was du wirklich willst, dann lege los und setze es um.

Verliere keine Zeit mehr.

Wo deine Gedanken sind, da fließt deine Energie hin, erinnerst du dich?

Also noch einmal, Energie folgt dem Gedanken. Es ist also verdammt wichtig, was du denkst!! Bestimmt ist es das wirkliche Geheimnis des Lebens.

Entscheide dich selbst, wie du dich fühlen willst.

Die eigenen Schattenseiten in sich selbst zu akzeptieren, dass heißt

Selbstverantwortung übernehmen für ALL DAS, WAS DU SAGST, WAS DU DENKST, WAS DU FÜHLST und WAS DU BIST.

In der Selbstverantwortung ist das Wort –Antwort- bereits enthalten.

Es ist leicht, sich daran zu erinnern, es ist auch leicht, sich nicht daran zu erinnern. Du bestimmst deine Entscheidungen, Niemand sonst.

Wie schrieb mir ein lieber Freund neulich?

Harry Palmer (Begründer von AVATAR) sagt uns immer wieder:

Nur deine eigene Entscheidung, Grenzen zu haben, begrenzt dich!   oder:

Jede Handlung geschieht mit der Absicht, etwas zu fühlen oder das Fühlen zu vermeiden.

Fühle!

Willkommen im Leben und fühle!!!

90 % aller Krankheiten und Defizite entstehen durch mangelnde Selbstliebe. Wir müssen auch lernen, uns mit uns selbst zu versöhnen.

Stelle die Selbstsabotage einfach ein, du wirst die Muster erkennen, wenn du den Weg der Liebe und des Lichtes gehen willst.

Schau ins Licht, dann fällt der Schatten hinter dich und liegt nicht vor dir.

In Wahrheit geht es doch um Selbsterkenntnis und Ganzheit um Freiheit und inneren Frieden. Der lässt sich, nach meiner Meinung, nur über das Herz erreichen.

Bekenne dich zu deinem Herz und Bauchgefühl, es betrügt dich nicht. Du musst dich einfach auf dein Gefühl einlassen und voran gehen und nicht stehen bleiben. Was soll dir schon passieren? Die Anderen haben die gleiche Angst davor, zu versagen oder belächelt zu werden.

Glaube mir, TUN muss man es, und immer wieder üben.

Stell dir vor, du würdest durch die Welt gehen und alle Menschen, die dir begegnen sind Buddhas. Alle haben es geschafft, nur du noch nicht. Wie würdest du dich verhalten? Du kannst erkennen, dass jeder der dir begegnet etwas zu deinem Leben beitragen kann.

Kennst du die Zen Geschichte von dem jungen Mönch, der mit seinem Meister an einem steilen Ufer eines Flusses saß und fragte:

"Meister, wenn ich diesen Abhang herunterrutsche und in den Fluss falle, muss ich dann ertrinken?"

Der Meister lächelte und sagte:

"Nein mein Schüler, nicht wenn du in den Fluss fällst, ertrinkst du, sondern wenn du drinnen bleibst."
Und wenn du Hilfe brauchst, oder ein paar Tage eine Auszeit möchtest, dann meldest du dich einfach bei uns. Du wählst dir dein persönliches Thema aus oder eines der folgenden Themen. Wir gehen es dann gemeinsam durch und schauen auf Möglichkeiten der Lösungen, die sich für dich ergeben.
Unser Zusammenkommen bietet dir die Möglichkeit, ein Einzelcoaching in Anspruch zu nehmen, wobei wir deine ganz persönlichen Probleme ansprechen werden.

Hier sind die Themen

1. Schluss mit negativem Stress

2. Balance schaffen zwischen Kopf und Herz

3. Vereinfache dein Umfeld und deinen Tagesablauf

4. Ängste und Phobien auflösen

5. Stärke deine Gesundheit und dein

   Selbstwertgefühl

6. Vereinfache deinen Beziehungs- und

    Freundeskreis

7. Werde ein Magnet für Lebensfreude und Glück

   und wenn du magst, auch für Geld

8. Auf den Schwingen der Intuition, beim

   Malen, die Antworten finden.

9. Hilfe zur Selbsthilfe und damit zum Gleichgewicht

10. Emotionalen Frieden schaffen in dir und mit dir.

All das bieten wir dir zum Selbsterfahren an und vermitteln dir natürlich auch die nötigen Techniken und Fertigkeiten, die dich deinem eigenen Ziel näher bringen. Ich gebe dir einige effektive Übungshilfen, die du als Anker im täglichen Leben immer wieder benutzen kannst. So ist es auch möglich, daheim zurückgekehrt, alles Erlernte umzusetzen.

Lasse uns Visionen darüber anfertigen, die deinem SEIN etwas Wertvolles geben, für dein weiteres Leben.
Erlebe, wie sich Ängste und Blockaden auflösen und wie du danach deine Lebensgewohnheiten neu gestaltest.

Sorge dafür, dass du dir zu Hause einen Ort schaffst, der zur inneren Einkehr und zum friedvollen Rückzug einlädt.
Lass dir Zeit, stelle dein Telefon ab und warte und höre dann auf die Inspiration deines Geistes und höre auf dein Bauchgefühl und deine innere Stimme.

Gehe auf die Suche nach deiner wahren Vision. Wo ist sie geblieben?
Höre in dich hinein und verlasse dich auf dein Unterbewusstsein.
Wo sind deine Bedürfnisse geblieben? Manifestiere sie und mache sie zu einem Bestandteil deines Standards.

Dazu gehören auch noch vier Fragen, die ich jedem Klienten stelle und gerne an dich weiter gebe.

1. Was hat eine wirkliche Bedeutung in deinem Leben?

2. Was gibt deinem Leben wirklichen Sinn?

3. Was macht einen wirklichen Unterschied in deinem Leben?

4. Was oder Wen würdest du sehr vermissen, wenn du es oder ihn nicht mehr hättest?

Beantworte dir selbst diese vier Fragen und du kommst auf den Punkt, Prioritäten zu setzen, WAS wirklich wichtig ist in deinem Leben, um nicht zu sagen, lebenswichtig. Nun fällt es dir auch viel leichter, vollkommen dahinter zu stehen, was nämlich dich ausmacht als Person.
Du hast unbegrenzte Möglichkeiten, alles auszuprobieren.
Zu oft hast du sicherlich gedacht, was du eigentlich nicht mehr willst.
Heute solltest du beginnen, ausschließlich nur noch daran zu denken, was du wirklich willst.

Glaube mir und prüfe es, alles was du dir wünschst, und zwar wirklich ganz tief drinnen wünschst, du wirst es haben.
So wie du dir als Kind etwas sehr gewünscht hast und dein ganzes Herzblut eingebracht hast. Erinnere dich daran, wie

stark du damals in deinem Wünschen warst und oft hat es geklappt. Hole dir diese Überzeugungskraft zurück.

Denn alles ist möglich lieber Freund/in, alles ist möglich!
Deshalb höre niemals auf anzufangen – und fange niemals an aufzuhören.
Diese Lebensweisheit ist zu meiner Maxime geworden und ich werde nicht müde, es immer noch einmal zu versuchen.

Ich würde mich freuen, wenn du mir eines Tages erzählst, dass du gelernt hast, freundlicher und liebevoller mit dir selbst zu werden.
Treffe Menschen, die du glücklich machen kannst, mit einer Kleinigkeit und die dich glücklich stimmen können.
Alles in allem ist es ein Prozess, der einfach gestartet werden muss und immerfort anhält.
Ich durfte auch lernen, wie es sich anfühlt, Dinge und Vergangenheit endlich loszulassen oder besser gesagt freizulassen, und vor allem die Kontrolle abzugeben.

Weiterhin glaube ich wohl erkannt zu haben, dass ich auch auf dieser Welt bin, um Geduld zu lernen, mit mir selbst und anderen. Und ich sage dir, ich lerne jeden Tag immer wieder neu, es umzusetzen.
Heute weiß ich einfach, was besser für mich ist und was ich lassen sollte.
Wie ist es bei dir? Gehörst du zu den Menschen, die in einem Meer von Schmerzen ertrinken?

Oder gehörst du zu denen, die darin lernen zu schwimmen? Oder bist du gerade dabei zu resignieren und bist dabei zu ertrinken?

Es gibt Menschen, die dir helfen, schwimmen zu lernen. Und es ist keine Schande, zu keiner Zeit, sich diese Hilfe zu suchen. Denke daran, du bist nicht allein und es gibt Menschen, die sich gerne mit dir gemeinsam darum kümmern, dass du so richtig davon schwimmen kannst.

Ich sehe meine Tätigkeit nicht als Beruf, sondern als Berufung. Für mich ist es auch sehr wichtig, dir ohne Einschränkung alles, was ich gelernt habe weiterzugeben.
Natürlich hat jeder Mensch seinen ganz eigenen Lebensweg und trotzdem stehst du zu jeder Zeit im Mittelpunkt des Geschehens. Patentrezepte werde ich nicht vergeben, denn es gibt sie nicht. Doch ich hoffe, du konntest ein paar Antworten auf deine Fragen bekommen und ich konnte dir ein kleiner Wegweiser sein.
Eine wirklich wichtige Erkenntnis ist doch offensichtlich, **Liebe dich selbst, sonst liebt dich Niemand.**

Ich wünsche dir die Liebe zu dir selbst und die Geduld, Dinge abzuwarten.
Sei bereit durchzuhalten, ohne Unterbrechung der ständigen Gedanken und gegenwärtigen Umstände

Ich hatte immer Vertrauen zu meinen Übungen und glaubte an die gewünschte Wirklichkeit.

Lasse deine Visionen größer werden, als deine gegenwärtigen Umstände.

Beginne, an dich zu glauben. Wer soll denn sonst an dich glauben, wenn du es nicht selbst tust?

Wir haben alle Zeit der Welt, die Dinge zu lernen, die du immer schon lernen wolltest, oder die Träume, die du hast, endlich umzusetzen.

Wichtig ist nur, dass du Mut geschöpft hast und deine wahre Vision, dir nicht wieder verloren geht oder sie dir mies machen lässt. Lass dir deine Träume nicht stehlen, sondern beginne sie zu leben.

Du hast ein leeres Feld vor dir, nun erschaffe neue Möglichkeiten. Du hast die Wahl. Treffe eine Entscheidung und mache dich dann stark dafür.

Je näher du deiner wahren Bestimmung kommst, umso glücklicher wirst du dich fühlen. Lass es mich wissen, ich freue mich über Post von dir.

Jetzt möchte ich dir Danke sagen, dass du mich so weit begleitet hast und wenn ich in dir ein kleines Licht in deinem Herzen anzünden konnte, dann hast du mich damit sehr glücklich gemacht.

Lass dieses kleine Licht nie mehr ausgehen und achte auf deine innere Stimme, die dir den richtigen Weg vorgibt.

Unser Gefühl ist der perfekte Navigator, für alles, was uns auf den richtigen Weg bringt.

Und wenn du dabei dein Lächeln nicht vergisst, bist du bestimmt auf der Siegerstrasse.

Alles, was du fühlst, ist ein Teil des Lebens und du gehst den Weg zu dir selbst niemals vergebens.
Hast du das schon mal gehört? Also fühle.
Lebe in der Zuversicht, dass das Perfekte für dich auf dem Weg zu dir ist, und erwarte es mit großer Freude.
Lasse dem, der du glaubst zu sein, nicht dem, der du wirklich bist, im Weg stehen. Mit diesen Worten hat sich einmal ein Lehrer von mir verabschiedet und ich habe lange darüber nachgedacht, wie er es wohl gemeint hat.
Mit einer gelebten Wahrheit möchte ich dich mit den Worten von Konfuzius verabschieden

Nur die Harmonie von Körper, Geist und Seele verleihen dem Leben wirklichen Reichtum

„Da es sehr förderlich für die Gesundheit ist, habe ich beschlossen glücklich zu sein!" -- Voltaire

Ich wünsche dir ein Leben in Balance und dass sich deine Wünsche manifestieren mögen, in Glück und Zufriedenheit zu leben, auf allen deinen Wegen. Denn die Lebensspanne ist die dieselbe, ob man sie lachend oder weinend verbringt. Du hast die Wahl.

Herzlichst
Evelyn-Alice

Nachwort

Der Kranz (Kreis) schließt sich

Als Kind konnte ich schon bei den Menschen auf dem Land feststellen, dass trotz der harten Arbeit eine große Tiefe in der Liebe zu Mensch und Tier besteht. Dinge und Beziehungen laufen viel natürlicher ab, als bei den Menschen in der Stadt.

Die Landbevölkerung sprach vielleicht nicht so viel, sie waren allerdings immer zur Stelle, wenn es jemandem in der Familie oder beim Nachbarn bzw. einem Freund nicht gut ging und er Hilfe brauchte.

Ich empfand dieses Verhalten so herrlich unkompliziert und wollte mir es so gerne erhalten.

Doch wie wir alle wissen, musste auch ich feststellen, dass Beziehungen schwierig sind.

Alle Beziehungen haben ihre Herausforderung und diese können gewaltige Verletzungen, Groll, Kummer, Gram und auch Schmerzen auslösen. Die negativen Emotionen, die wir mit uns herumtragen, sollten wir unbedingt neutralisieren.

Dieser Prozess kann nur der Prozess des Vergebens sein. Es ist der einzigste Weg, in dem du am Ende zu deiner eigenen Freiheit und Liebe zurückfindest.

Es gibt nur einen Platz, an dem du alles transformieren kannst. Dieser Ort befindet sich in deinem Herzen und wenn du es fertig bringst, den Menschen, um den es geht, in dein Herz zu holen und mit deiner Herzenswärme einzuwickeln, erfährst du den größten Sieg über dich selbst.

Alles was sich in deinem Herzen transformieren lässt, ergibt eine natürliche Weiterentwicklung In Richtung Liebe. Die Liebe ist etwas ganz besonderes und einzigartiges. Ein unbeschreibliches Glücksgefühl umgibt dich, wenn du sie für dich arbeiten lässt. Die Liebe lässt alles im hellen Licht erstrahlen. Die Liebe verleiht uns Flügel, allerdings nur wenn du die Liebe zulässt, in dir und um dich herum. Nur dann kommst du in den unbeschreiblichen Genuss, dich wie ein Sieger zu fühlen.

Lass dein Ego hinter dir und mache Frieden in deinem Inneren, zusammen mit der Liebe. Du wirst sehen, du kommst dir vor, als wenn du auf dem Siegertreppchen ganz oben stehst.

Und zum guten Schluss möchte ich dir symbolisch den Olivenkranz von der Titelseite übergeben und dir aufsetzen. Denn ich finde, dass wir alle Sieger sind und das kannst du wörtlich nehmen.

Ich weiß, dass jeder Einzelne von uns es wert und würdig ist, diesen Kranz auch anzunehmen. Wert und würdig zu sein, ist ein tief in uns sitzendes Gefühl und wir haben es schon immer in uns gehabt.

Wir müssen uns nur wieder daran erinnern! Beginne zu erfahren, wie es sich anfühlt, in Liebe und Fülle und Reichtum zu leben. Es ist genug für alle da, und du solltest dich nicht auf diesem Wege ablenken lassen.

Ich bin in Liebe und Dankbarkeit für alle Menschen, die zu diesem Buch beigetragen haben, sei es durch Ihre Lebensgeschichten oder durch mittelbare und unmittelbare Unterstützung und Hilfe.

Der übergebene Olivenkranz steht symbolisch für Anfang und Ende, wie der Ring der Liebe, denn das einzigste, was am Ende bleibt, ist die LIEBE.

Buch-Empfehlungen für den Anfang

Bücherliste zum Buch
„Life in Balance- alles ist möglich."

Lose Reihenfolge – für dich gelesen und empfohlen-

Louise Hay	Gesundheit für Körper, Geist und Seele
Rüdiger Dahlke	Krankheit als Weg
Erhard Freitag	Kraftzentrale Unterbewusstsein
Dr. Joseph Murphy	Die Macht Ihres Unterbewusstseins
Dr. Joseph Murphy	13 Schlüssel zum positiven Denken
Dr. Kübler Ross	verschiedene Titel
Tipping	Ich vergebe
Kryon	Der Weg nach Hause
M. Rosenberg	Gewaltfreie Kommunikation
N. D. Walsch	Gespräche mit Gott
John Gray	Männer sind anders, Frauen aber auch
Dr. Chuck Spezzano	Wenn es verletzt, ist es keine Liebe
Robin Norwood	Wenn Frauen zu sehr lieben
Lothar Hirneise	Chemotherapie heilt Krebs und die Erde ist eine Scheibe
Richard Rohr u. Andreas Ebert	Das Enneagram

Dr. Mikao Usui u. Frank Petter	Reiki – Handbuch
Stefan Klein	Die Glücksformel
Prof. Dr. Peter Axt und Dr. Michaela Axt-Gadermann	Die Kunst länger zu leben
Maria Treben	Gesundheit aus der Apotheke Gottes
Rene Egli	Das Lola-Prinzip
Dalai Lama	Die Regeln des Glücks
Integral Sachbuch	Die fünf Tibeter
Dr. Batmanghelidj	Du bist nicht krank, du bist durstig

Life in Balance Coaching Mallorca
Haus des Lebens

Mallorca   22.09.07
www.life-in-balance-mallorca.com
www.hausdeslebens.org
info@life-in-balance-mallorca.com

Life in Balance Coaching
Mallorca

Mit uns lernen sie in persönlichen Terminen eine lösungsorientierte Methode kennen, die ganzheitlich ist und Mentalcoaching und energetische Techniken miteinander verbindet

,Life in Balance Coaching' ist ein ,Schritt für Schritt Programm', in dem Sie erlernen können, wie die **Selbstsabotage** im täglichen Leben dauerhaft aufgelöst wird. Hilfe zur Selbsthilfe sowie schnelle und erlösende Befreiung ist unser gemeinsames Ziel.

Schauen sie unsere Referenzen im Gästebuch an, „www.life-in-balance-mallorca.com" und sicherlich ist Ihr Thema auch dabei.

Wir begleiten Sie in Ihrer persönlichen und beruflichen Weiterentwicklung und wir unterstützen Sie dort, wo es gebraucht wird.

Was möchten Sie verändern, wenn sie wüssten, dass es ganz leicht geht?

Alles, was so richtig „nervt" werden wir gemeinsam „entrümpeln"

Wir freuen uns, wenn wir Ihnen, bei uns hier auf Mallorca, dabei helfen können, wieder ein Leben in Balance zu führen.

Herzlichst
Evelyn-Alice Dorner

www.life-in-balance-mallorca.com
info@life-in-balance-mallorca.com
Tel. 0034- 971 60 36 38